suncolor

Q

UESTION

Q
UESTION

孩子，我聽你說

為什麼孩子寧願問陌生人問題？
呂律師深談那些青少年不願說的真心話

呂秋遠

suncolor 三采文化

目錄
Contents

Chapter 1 我看我自己

Chapter 2

我、你、他，還有那些在意的事

Chapter 3 我的家庭事件簿

Chapter 4

我的未來只是夢？

作者序

活在世界上，就是為了解決自己與別人的問題

我真的記不得什麼時候開始，回答臉書上朋友的問題了。開始的初衷，只是因為覺得這些朋友的提問，大概都是其他人的困擾，因此就把我的回答放在臉書上，讓其他人一併參考。當然，我會把一切可以辨別出當事人的特徵掩蓋，單純的針對他的困擾，提出個人意見做回應。一般人都以為，詢問我的問題，以法律意見居多，但令人意外的是，詢問個人生涯規劃、家庭親子關係、愛情友情的問題竟然很多，與法律的相關性並不高。而讀者的年紀從八歲到七十八歲都有。這麼廣大的讀者群，讓我開始思考，在臉書上回答問題，究竟意義何在？我的正職是律師，經營一家事務所，為什麼要耗費自己下班以後的私人時間，去吸收負面能量，然後告訴別人其實我自己也不能肯定的答案？

是的，其實我自己很清楚，我的答案就是一家之見，不是放諸四海皆

準，更不能成為人生指南。那麼，我在意什麼？每天凌晨兩點還在回訊息，我又在做什麼？這些問題，在剛開始回答問題的時候，不時在我的腦袋裡盤旋。我不過就是個律師，或許還是個作家，但是何德何能解決別人的人生問題，或是提供別人遇到困難時的建議？

但是透過越來越多問題的累積，我終於理解一件事。每個人活在這世上，就是為了解決自己與別人的問題。有些時候，自己的問題解決不了，是因為當局者迷，但當別人也存在類似的問題，或許我們可以清明的為別人提供一些建議。而這個世界上，痛苦的人太多，無欲的人太少。我們總是要不斷的處理不如意的事，而且解決一件，又會來一件，解決完的那一天，大概就是我們踏進棺材的那一日。

另一種情況，就是根本無法解決，或是暫時不能處理的議題。例如想要逃離原生家庭，但是欠缺勇氣。這時候我能提供的角色，大概就接近樹洞或是垃圾桶。這裡提供一個傾聽的場合，對於陌生人而言，我們比較容易暢所欲言，把自己心中想說的話，以及明知不能解決的困擾，告訴這位遠端的陌生人，就算他也不知道如何處理，至少可以確定一件事，我陪伴在你身邊，在你需要的時候，即使我是陌生人，也願意提供一個場所讓你休息，而且我會願意聆聽。如果是如此，那麼至少灰色的人生還可能參雜一點色彩在其中，還可以告訴自己，人生應該還是有機會的，陌生人都願意幫你了，還有什麼不可能的？

在這本書中，我們主要探討親子關係的議題。透過看到其他父母與孩子的困擾，自己許多思考的盲點也逐漸被自我的文字論述找出來。其實我提供的意見不見得是好答案，畢竟我還沒有為人父母，但是我當過孩子。從一個沒有抵抗能力的孩子，到一個可以扛起責任的成年人，希望這段經歷可以提供給父母與孩子相處時的參考。如果我們都還記得自己小時候的樣子，就不要成為孩子眼中討人厭的大人，或許這是我可以給自己的期許，也是希望讀者看完這本書以後，可以思考的心得。

Chapter

1

我看我自己

每個人都有上天給的禮物，

我們稱之為「天賦」，

這一生，就是要努力發掘自己的天賦。

來自父母親的信：

不願意你大起大落
只希望你穩定快樂

孩子，你這次學測的成績不是很理想，連帶也影響了全家的氣氛，我心疼你，但也希望你下次考試可以更好。你那天對我說，你不知道背誦記憶這些東西有什麼用，然後告訴我，你不是念書的料，我要你念書，只是為了自己，但是卻包裝成為你好，我覺得你完全誤解我了。

你認為，我要你念書只是為了自己的面子，讓我可以在三姑六婆前揚眉吐氣，或者說我只是為了自己的期望，而投射在你身上。好吧，我不否認。如果你的成績好，其他親戚朋友在逢年過節的時候，他們詢問我關於你的課業，我會好過一些。你知道的，我們成年人在節日的時候，就會被各種無聊的問題轟炸，你的表現跟我的答案內容成正比，所以當你的成績無可避免的成為別人的話題時，我就得要「鞭策」你，免得我們「沒面子」。

我知道這個答案很糟糕，因為我們老是要別人不要在意他人的看法，做自己就好。只可惜，這是一個殘酷的社會，他們就是會問，我就是會翻白眼，但是我還沒到那個勇氣，直接回應你的外公說：「他就算成績不好，你以前還不是小學沒畢業。」這跟以前的朋友問我：「什麼時候要生啊？」但我不敢回嗆：「你什麼時候要死啊？」是一樣的道理。縱然我以後跟那個朋友絕交，我也不能跟你外公決裂啊！所以，面子與期望，確實有這麼一回事，但卻不是主要的原因。要你念書，主要的原因是「我擔心你的未來」。

許多人會說，不念書也可以賺大錢，這點我承認。可是，這種畢竟是少數，或者必須經歷很痛苦的過程。不念書，沒有學歷，有許多工作你就不能做。例如醫師、律師、會計師，這都需要學歷與證照。倘若你沒辦法取得好成績，就無法進入理想的大學與科系。我不敢預期太久，但是在可預見的未來裡，多數的老闆還是以學歷取人。或許在你工作十年後，老闆會開始看你的經歷，而不只是學歷，但在開始應徵的時候，老闆對你的第一印象，就是只有學歷，不是嗎？

在台灣普遍還瞧不起技術職業教育體系的狀況下，我寧願你就讀普通高中，未來進入一所國立大學，接著畢業以後找一份穩定的工作，至少這是你的門票。我能為你做的不多，但是我不希望你走一條不穩定的道路。我寧願你先以成績為主，拿到固定的工作以後，再考慮不同的人生。我不願意你大起大落，只希望你穩定快樂，你可以理解我的想法嗎？

孩子，可能許多事情你還不能理解，但是就念書而言，我不過就是想起了蘇軾那首《洗兒戲作》中的：「人皆養子望聰明，我被聰明誤一生。惟願孩兒愚且魯，無災無難到公卿。」我不敢期望你會到公卿，但是我希望你可以受到良好的教育，而且平穩的過完一生。

媽媽留

為權益發聲，為何被認為是麻煩人物？

我上國中有半年了，最近常常都有一些事情，讓我覺得很氣憤。我只是個國中生，對這些不太了解，所以想問問律師。

1. 最近老師常常把「第八節」掛在嘴邊，還說以後第八節會上進度之類的，我去教育部查過，發現第八節上進度根本就是違法的，也不能強迫。我跟同學解釋，但他們都不把我當一回事，也半信半疑，就算我拿法規給他們看，他們頂多抱怨一下，也沒有要申訴或提出疑問的意思。

2. 我們班其他人，或是我的朋友，他們總是很消極，什麼事都說「隨便」或「反正說了也沒用」。我每次都看不下去，所以常常叫他們要自己去中訴，順便跟他們說一下這樣做的好處。或許大家都覺得我很雞婆吧，還幫我取綽號。我們班有很多人不分是非對錯，喜歡亂罵老師，擾亂課程，要不就是什麼都不管，來學校像個遊魂一樣，什麼都不在乎，連世界發生什麼事都一無所知。

我其實只是想問，為什麼老師、同學都認為為自己說話的人很「麻煩」？別人是錯的，我去解釋、糾正，哪裡不對？為什麼現在的國中生好像都傻傻的、不分黑白、不為自己爭取應有的權益？「雞婆」似乎是「正義」的代名詞？我也不知道，然而我們來學校，就只是像鴨子一樣一直被塞知識、塞考試、塞成績？我不想當革命家，但我也不能置之不理啊！

A 學會基本知識，才會有底氣支撐

這位小英雄，真是我們武林中人的表率。俗話說：「人中呂布，馬中赤兔」，我想你以後應該是很大隻的赤兔，或是很厲害的呂布。但是，在你成為一個打十個的呂布之前，有些事情我還是想要提醒你。

第八節，當然是不應該出現的，我也很開心你去找了法規。不過，這種事情其實很無奈。你得知道，不是老師愛上課，而是有許多複雜的因素在裡面。在一個很健全的教育體系下，我們不應該有這麼沉重的第八節。不過，你聽說「合成謬誤」嗎？或者是，看球賽的時候，為了看得更清楚，前排的人站了起來，後排的人也要跟著站起來，最後造成大家又回復原狀，只是從坐著變成站著而已。

第八節就是這種情況。有些學校為了升學率，所以開始留校，而如果某學校有做，另一個學校沒做，家長就會抗議，最後的結果，就是大家一起第八節。你們莫名其妙留校，老師無可奈何加班。

所以，你要改善這個問題，不是拿著法規去問老師，這一點意義也沒有。你應該要想，這個問題的根源在哪裡？你必須跟爸媽溝通，請他去跟老師反映，甚至是其他家長都能理解以後，或許加課的問題才能解決。坦白跟你說，每個家長都不想讓孩子輸在起跑點上，最後的結果就是，大家一起把起跑線搬到終點去，如此而已。但這是家長，而不是老師的問題啊！

另一個問題，請記得這句話：要做英雄，就得耐得住寂寞。路見不平、不平則鳴，這是好事，但是，有三個原則，你自己可以先想想。

首先，這世界上有很多不同的人，你必須要學會尊重他人。有些人，只會坐享其成；有些人，寧願醉生夢死，你不可能要求別人跟你一樣。你就是只能做好自己，不用去管別人為何不求進取。講難聽點，關你屁事啊？看到社會的不公義，你可以挺身而出，但是你不能說，不願意發聲的人就是自甘墮落。有人就是想認識孔劉，不想認識金正恩，這樣不行嗎？

其次，你要學會理直氣和。因為你的思考層面比較廣，所以你或許會覺得別人不願意去爭取、不願意去努力，是一件浪費生命的行為，所以你會「雞婆」的想要讓別人「更好」。然而「子非魚，安知魚非樂？」每個人都有不同的目標，或許他們只是想要過好自己的人生而已，不像你想要改變這個世界。況且，不傷害別人的自私，並沒有不好，沒有星星的襯托，怎麼能看到月亮的皎潔？不是嗎？是的，是月亮。你可以選擇別像太陽這麼刺眼，同樣可以照耀迷路的人。

最後，你還是別忘記，學習還是本分。教育的本質在於讓你學習有趣的事物。國中的教材或許不如你意，畢竟這是大人為你們挑選的。就像我一直懷疑，菜市場會用到三角函數嗎？在我這種不想懂工程的人來說，計算 sin 與 cos，簡直就是惡夢。然而，登陸月球就是要靠這個才有辦法呢！你得要學會基本知識，以後維護世界和平，才會有底氣為你支撐，這是很重要的。

好了，小英雄，修正你的方式，繼續你的正義，我是支持你的。

考試壓力和家人壓力真讓人自暴自棄

呂律師，雖然不知道你會不會看到，但我想請你開導我。我是一個國二的學生，開始感覺到會考和成績的壓力，然而，家長給的，才真正壓得我喘不過氣。

我知道他們是為我好，而每當想和他們談談時，他們卻用一種「我說的就是正確」的態度對著我。而且，當考試將近時，考試的壓力加上家人的壓力更迫使我呈現自暴自棄的狀態，我總會想：「我什麼都做不好，那我又何必待在這個世界上？」所以請呂律師開導我一下吧！

A 別想要拼命討好所有人

嘿，孩子，我跟你說，每個人出生在這個世界上，都會有意義。在你還沒找出意義之前，要乖乖的待在這個世界裡，你買了門票，總得要走完這趟旅程吧！即使這趟旅程的開頭讓你覺得不怎麼樣，沒走完都還不知道呢！後面說不定驚喜很多，也是很難說的。

別談會考與成績了，這種東西，以後會在你人生的不同階段，以不同的面貌出現。人生就是存在不同的考驗在玩你，反正一關一關過就好，過不了其實也不會怎樣，這次沒過關，放棄就好了，人生反正也不會只有這一關，選別的關卡過也不錯。但是，我要講的不是這個，我想跟你談今天的採訪心得。

今天有雜誌採訪我，題目很有意思，就是「過年的時候如何應付尷尬的場面」。例如：「老婆坐在沙發上滑手機，公婆在看電視，這時靜悄悄的，尷尬和不安的氛圍籠罩整個客廳。這時男生該如何該起話題或作什麼事情來化解？」或是「娘家長輩喝酒喝得超嗨，找你一起喝。根據過往經驗，不跟長輩喝酒會被認為不給他面子、不禮貌，該怎麼辦？碰到娘家不熟悉的親戚，禮貌打招呼、寒暄過後就不知道該做些什麼了，該怎麼辦？」或是「回到娘家，大家都對你很客氣，你什麼事都不用作，這樣的情形讓你很不自在，該怎麼辦？」

簡單來說，採訪的主軸只有一個，「過年期間，有哪些方式可以讓雙方相處融洽、拉近彼此的距離，而不是相看兩討厭、沉默滑手機呢？」

你看完這些大人的煩惱後，有沒有覺得很有趣？很多人竟然在煩惱，「我要怎麼委屈自己，讓別人開心」？

不就是這樣嗎？過年不知道講什麼，那就是平常根本沒好好維繫感情，既然這樣，那就不要講，為什麼要逼自己講些言不及義的話？問人家何時生小孩、何時換工作、學測成績好不好，難道就不會尷尬嗎？此時無聲勝有聲，不就是最好的註解？被逼著喝酒？就直接跟對方說，我不喝酒，對方如果說，你不喝就是不給我面子，直接拿起桌上的面紙給對方，要幾包有幾包。他如果還是看不懂，就說自己肝硬化，喝酒可能會死在餐桌上。過年不能講死？過年難道就可以逼別人做別人不喜歡的事情嗎？什麼事都不用做，感覺很不自在？人家就不要你做，你幹嘛一定要逼死自己得要自在？做自己才是好自在，不是嗎？

我的意思是，為什麼過年一定要相處融洽、拉近彼此的距離？難道就不能當作一個六天的長假，想幹嘛就幹嘛？就算回婆家、娘家，那也就是順其自然，能互動就互動，不能互動就頹廢放空，何必去討好誰？是的，平常如果就熟悉，不用討好，平常如果沒來往，討好也沒用，以這樣的心態想，會不會輕鬆點？

回到你的問題來，你考試、你念書、你想會考高分究竟是為了誰？為了你自己，還是為了家人？你可能會說，都有吧！

不，你的壓力就是來自於「都有」，因為這樣一來，當你想要拼命討好所有人，而且把他們擺在你自己的順序前面時，你的壓力就出現了，你得要對他們交代，而不是對自己交代。可是孩子，世間上多數的事情，明明就是自己的事啊！你念書，是為了自己、你念高中，是為了自己、你要不要念大學，也是為了自己，你為什麼要跟別人交代，你考得好不好？

不好就不好啊！人生本來就不會什麼都好。而且就算什麼都不好，也不會一輩子都不好，總會有一兩件好事出現，只是你貪心而已啦！比方說，你可以在溫暖的被窩裡起床，就是好事（雖然我知道你不想起床，我也是），因為很多人沒有床可以睡，你知道嗎？

做不到的事情，就是做不到，順其自然、盡心盡力就好，所以，不要勉強自己了，好嗎？

成績好就可以一副跩樣嗎？

我是某私立中學國二生，為什麼當那些成績超級好的人出來就一副跩樣？而我這種起起落落非常大的人，考試考不好就要被罵？這到底是什麼世界？而我到底該選擇考好還是考不好，判斷基準到底在哪？

我們憑什麼要讓他們如此踐踏？已經當眾表明我成績真的不如他們了，為什麼他們還是要一直做嘲笑之類無聊的舉動？就算今天不是對我，我並不怎麼 Care，但如果遇到那種神經質的會有什麼下場？難道他們都不會思考嗎？重點是他們憑什麼囂張？冒昧請問律師了。

A

找出自己的價值觀 並且深信自己生存下去的意義

孩子，你聽過副總統陳建仁曾說的話嗎？

他說：「貧窮，是經濟結構的剝削所構成，而不是個人所造成。」

你大概會問，這跟你想知道的答案有關係嗎？當然有，因為考試成績這種事情，從來也就不是個人因素就可以完整解釋的。考試分數這種事，大概有兩種可能的結構性因素影響，第一種因素，是這個人的家庭背景。有人下課以後就必須去打工，家裡三餐不繼、還有年邁的阿公要照顧，必須去賣口香糖，有人根本沒錢去參加才藝班、補習班，更沒辦法專心上課，所以他注定沒辦法成績好；第二種因素，則是這個人是不是適合念書。有人就是對於文字不敏銳，看沒幾頁書就會想睡覺，他對於音樂、修車、電腦很在行，但是教科書考的是英文、國文、數學、歷史，所以他怎麼樣都沒辦法適應這個考試體制，所以成績很差。

你想想，有的人就是不適合這個社會的統一標準，但是我們卻要求這個人一定要念書才有成就，配合上幾句格言：「書中自有顏如玉、書中自有黃金屋」和「十年寒窗無人問，一舉成名天下知」等等，彷彿不念書就沒前途，不念書還能幹嘛之類的，你覺得錯的是人，還是標準？

當然是標準，對不對？為什麼這社會上，對於一個人的標準，竟然會訂在「你的考試成績好不好」之上，而不是以「你有沒有謀生的本事」來判斷？

所以你可以理解嗎？那些成績好的同學，他們不就是剛好家庭背景能讓他們專心念書、腦袋剛好適合這個社會要求的學問標準，所以才能笑傲江湖。你就算成績不如他們，那又怎樣？我並不是要你阿Q式的覺得，反正自我感覺良好就可以了，而是你要問問自己，你成績不如他們，那麼你哪一方面比他們好？或者說，你對什麼有興趣，你找出來沒有？說真的，他們只是剛好符合這個社會對於所謂「成績」的期望而已，但是如果讓你選擇比賽項目，辨個「××比賽」，你在哪方面可以贏過他們？

你當然可以平凡過日，什麼比賽都不要參加，這是一種很好的選擇。我不會鼓勵你，什麼事情都要爭奪、都要得獎，這樣的人生也太辛苦。然而，你得要找出自己喜歡的工作，專心一意的完成，不然以後你會覺得，自己的人生很沒意義，因為你還是會習慣跟別人比較，但是你連自己的時區在哪裡都不知道。

你不要太在意這些人對你的輕蔑，你也不必質問自己，到底應該考好或是考不好。畢竟別人對你的輕蔑與否，你無法掌握，而你能不能考好，標準也不是你定的。這些人為什麼要這麼做，我不知道，你也不必知道，你要做的事情，是找出自己的價值觀，他們囂張的原因，或許只是因為他們的能力剛好跟這個社會的價值觀相同而已，但是你仍然可以找出自己的，然後專注在這項價值觀裡，讓這項價值觀變成你自己的成就。至於別人怎麼看你，既然你無法控制，那就只能專注在自己身上而已。

孩子，日後不論你好或不好，都會有人找機會嘲笑你，你唯一能做的，就是找出並且深信自己生存下去的意義，對於他們的譏諷一笑置之。你要知道，在陰屍路的世界裡，沒人會管你的成績，讓自己有活下去的本事，並且幫助別人，才是你來到這個世界的目的啊！

如何從考試失利中找回信心？

律師叔叔您好，我是即將面臨會考的國三生，最近碰到了很大的問題，想要請教您。前一陣子是全縣一起考的模擬考，也就是縣測，我，完全搞砸了。原本的成績大概都有3A，但對過答案之後，這次可能連1A都沒有，數學還有極大的機會掉到C。

家人是不太在意我的成績，但學校老師就不是這樣了，已經好幾次被單獨叫去談話，我不懂為什麼老師們對我的期待那麼高，甚至說我能考上第一志願的高中，但以目前的成績來說（尤其這次）根本是不可能的……

除了老師，還有同學的調侃：「欸，××女中的唷」，每次聽完心裡都有複雜的情緒。就是考不上啊，為什麼要一直對我講？而且這次的縣測還要選填志願，理想學校低標要4A，我的縣測成績，絕對上不了……我有點想放棄了……該怎麼做才能找回信心？

A 每次的挑戰都是從頭開始

孩子，你有聽過謝淑薇這個人嗎？

我們認識的時間比較晚，大概是在二〇一六年年初，但是在她決定奧運退賽前後，我們才有比較密切的聯繫。她是個沒什麼心機的女孩兒，不太懂如何勾心鬥角，所以在那一陣子，她過得很辛苦，特別是在退出奧運時，她被許多媒體與網友攻擊，我想幫忙也使不上力，因為她是一個直來直往的人，很多招數就是不屑用。

那一年開始，似乎是她很不順利的時候。奧運退賽、名次退後、身體受傷、媒體攻擊、許多人看衰她，如果不是她天生的樂觀個性，還有愛情的支持，大概已經被擊垮。她的運動傷害帶給她很多困擾，比賽成績沒有起色，在我們這些朋友的眼裡，也會很著急，但是她始終不疾不徐，就是打好每一場比賽。有機會參賽，她就會爭取最好的成績。

然後，在二〇一八年，她在澳網公開賽以直落二擊敗世界排名第三的好手，進入澳網前十六名；雙打目前在前八名，追平個人最佳成績。當然，台灣網路上對她又是一片讚譽，而即使用「爆冷門」這種字眼形容，也不能掩蓋她兩度創下台灣人在澳網記錄的事實。

從她這兩年的遭遇，你學到什麼？

1. 所有光榮的過去，都只是你的經驗，不是你的勳章，不用太在意這些過去帶來的壓力。
2. 每次的挑戰，都是從頭開始，即使你是強手，也不過就是多一點經驗而已，並不代表你一定會獲勝。
3. 低潮的時候不要緊張，就當作放自己長假，手感回來、運氣回來，成績就會回來。
4. 實力不會消失，只會偶爾找不到，它會突然又出現，不用急著找它。

5. 自己的心魔最難克服，別人瞧不起你無所謂，你本來就不是活在別人的嘴巴裡。

6. 別人對你的期望，當作參考就好，因為只有你自己知道實力在哪裡。

7. 別人對你的嘲笑，完全不用參考，因為他們根本沒在意過你。

8. 沒有「不可能」這幾個字，只有「暫時做不到」的情況。暫時做不到沒關係，以後總有機會可以做到。

9. 考上第一志願的高中也不代表什麼。成績好的人以後回來當老師，成績不好的人以後回來捐錢，你要選哪一種？

10. 人生最驚喜的地方，都是在轉角發生的，對於輸贏，別太在意。

人正真好，顏值到底多重要？

律師大嬸，我常常看你的臉書發文，有空的時候也會聽廣播，這樣應該可以算是你的小粉絲吧！我最近在學校遇到一個很困擾的問題，就是我們班有一個很正的女生，很多男生都喜歡她，她也靠著長相接受男生對她的好，不管喜不喜歡都不拒絕。

雖然這個涉及私德而且很主觀，但是要像我這樣為了愛情汲汲營營的普妹情何以堪，難道男生看到正妹就分辨不出來個性好不好？

顏值很重要，但是究竟要一直重要到什麼時候啊？啊！對了，我只是一個小小高一學生而已，問的問題沒什麼深度也很不成熟，謝謝你百忙之中抽空回覆我。

A
越來越好的心，沒有人可以取代

親愛的孩子，先講結論，容我殘忍的告訴你，顏值很重要，而且會重要到你一百二十歲為止。至於一百二十歲以後，為什麼不重要，是因為對你而言，那時候你只希望快點死，而不是高顏值。

你問的問題很有深度，而且很多成年人也對於這個問題很困擾，不然為什麼這麼多成年人會沉迷在整型、化妝與易容術？難道是他們不成熟嗎？當然不是，是因為他們知道，這世界上，大部分的人都加入了外貌協會，就像是「許多」（不是全部）男人很專一，從二十歲到八十歲，他們愛的人，都是二十歲。

不過，就這麼解決你的疑惑，總覺得有點空虛，所以我決定跟你多聊一些。

我在高中的時候，大概也是普弟，跟你一樣對愛情汲汲營營，不過，跟你一樣，高中時也沒有什麼女生喜歡我。

說真的，你不要太傷心，高中生的交往對象，成為終身伴侶的機會，大概低於百分之十，而且到了我這個年紀的時候，你可能都還早已忘記當時交往對象的名字是誰，即使當時覺得是驚天動地的舞台劇，最後你也會覺得，不過就是內心裡的一齣小劇場而已。

然而，我不是勸你不要談戀愛，戀愛這種事，從小就要練習，不然長大以後，怎麼面對這麼險惡的人生？你現在談戀愛，不會有小孩監護權、不會有剩餘財產分配、不會有買房子登記誰名下的問題，這麼好的機會不練習，難道等著以後越級打怪嗎？

有機會，就多談點戀愛，縱然你以後會忘記那個人叫什麼名字，但是你一定會記得當年為了他跟爸媽鬧翻的往事，還有那種酸酸甜甜的痛苦。

我知道，你的問題在於外貌，讓我來告訴你一個故事。

漢武帝劉徹時代，有個音樂家叫做李延年。有天他寫了首歌獻給皇上，歌詞是這樣的：「北方有佳人，絕世而獨立，一顧傾人城，再顧傾人國。寧不知傾城與傾國，佳人難再得。」

漢武帝這個豬哥亮，聽到有這種正妹，感動不已。平陽公主立刻稟報大哥，這個人就是李延年的妹妹。漢武帝當然要求李延年介紹認識，認識以後，就是他的人了，也就是李夫人。

不過，李夫人好日子沒過多久，就不幸生重病。漢武帝非常關心正妹的死活，於是前去探望。但是李夫人堅決把漢武帝擋在門外，漢武帝多次哀求，都不得其門而入，只好悻悻然而去。

李夫人的姊妹都責怪她，認為她不識抬舉。李夫人淡淡的這麼說：「夫以色事人者，色衰而愛弛，愛弛則恩絕。上所以拳拳顧念我者，乃以平生容貌也。今見我毀壞，顏色非故，必畏惡吐棄我。」

意思大概是說，如果一個人靠外貌過活，不正以後，粉絲的愛就會衰退，衰退以後，就會不再照顧我。皇上之所以這麼愛我，就是因為我長得正。當他看到我現在這個樣子，他肯定會半夜作惡夢，怎麼可能還會照顧我的家人？

在李夫人死後，漢武帝果然很難過，不僅以皇后的禮儀厚葬，還把她兩個兄弟都封官列侯。根據《漢書》的記載，漢武帝甚至還曾經為李夫人舉辦招魂大會，而她還真的現身，讓漢武帝為之落淚。

外貌確實很重要，而且大部分男生看到正妹，就會忘記自己今年幾歲，當然更不會在意她的個性好不好。但，人生最重要就是這個 but，你不要傷心，你是可以改變自己的外貌的。讓我告訴你一些有意思的觀察：

1. 出來混，終究是要還的，利用自己的優點欺騙別人，最後終將要還回去，而且是連本帶利。

2. 肆無忌憚的讓別人飛蛾撲火，最後經常會引火自焚，情殺或潑硫酸，大概就是這麼一回事。

3. 囂俳（閩南語，囂張的意思）沒有落魄的久，色衰而愛弛，愛弛則恩絕。

4. 要當正妹，其實投資的經費就好比一帶一路，看起來好看，做起來好貴。而且，還不一定有效果，特別是卸妝以後。

5. 也許有一天你棲上了枝頭，卻成為獵人的目標。你飛上了青天才發現，自己從此無依無靠。

6. 正妹最大的困擾，就是不知道自己應該跟誰在一起，但是普妹最大的好處，就是知道自己可以吸引哪一種人。

7. 你應該不喜歡那些只有看到外表的男孩，對不對？所以，正妹被那些人喜歡，你有什麼好難過的？

8. 你要堅持自己原本的外表與個性，不要為了誰而改變自己，因為假裝是一件很累的事情。相信我，這世上「至少」一定會有個人，非常愛你。

9. 曼菲士愛上凱羅爾，並不是因為她長得正，也不是因為她可以預知古埃及的命運，而是她不眠不休的照顧被眼鏡蛇咬傷的他。

10. 孩子，不用整型、不需化妝，你是可以靠著心來改變外貌的。所謂相由心生，大概就是這麼一回事。

這句話一點都不是安慰你，因為出了社會以後，維繫愛情的因素，不會在於外貌，永遠都有比你正的女孩出現。但是，你越來越好的心，是沒有人可以取代的。

為何我看不到自己的價值？

寫信給你的動機很簡單：「我想要求助」。我講話會很沒有重點，而且準備長篇大論，請要有心理準備。

我是南部某第一志願的高中生。國三時，我辛苦的讀書，生活不是念書就是考試，還有寫不完的題本和練習題。那時候我以為只要我考上一個好高中就是解脫。

我是失常考進去的，所以覺得「自己很沒有價值」，覺得自己是運氣好才能念這麼好的學校。升高二時我變了，我覺得自己力不從心，精神無法集中，失去了對課業的興趣和熱忱，成績一落千丈。成績原本在班上前十名左右的我，一下子變成了墊底的，而且從此一蹶不振，後來我乾脆休學了。

我曾想過為什麼人要笑？為什麼我活得這麼的卑微？卑微到我簡直不如路上的任何人。這是一種極度自卑的心境，花了我很久的時間才有了一點好轉。

我覺得，這個社會缺乏「同情」和「關愛」，當一個人出現問題。大家最會的就是「袖手旁觀」。這種事情、這樣的人生信念和態度，現在就正在持續，現在打開新聞，你就會接收到負面的消息！

若你問我人生失去了什麼？我會回答你：全部。

因為我就是一個學生，學生最會的就是念書，而我卻什麼也念不進去，很抱歉。我覺得人不應該隨意進行自我批判，但我確實每天告訴自己：「我是一個廢人，廢物一個」。現實壓得我喘不過氣，絲毫沒有可喘息的空間。

你知道嗎？我從一個國中時還ＰＲ99，自以為很優秀、前百分之一的學生，變成現在書讀不進去，一個字可能也沒耐心去看、全校墊底的同學。然後受困在情緒的牢籠中，暗無天日，不見天明。

、

我確實沒有期待你會給我什麼回應，說實在的，沒有人可以給得出比我給自己的回應更好的解釋，或許我只是單純的情緒抒發，但我還是覺得自己這麼做很瘋狂。

A 出生不是為了死亡，因為中間有過程

其實我也不知道跟你說些什麼，不然就來談談我的高中生涯好了。

當年，我從地方國中考上建國中學，當然也是僥倖考上。我這一生到目前為止，有很多的幸運，考上律師是如此、考上建中亦然。所以，進去建中以後，第一次見到有這麼優秀的同學，心裡同樣是很自卑的。

我那時候也以為，考上建中以後，就可以從國中的地獄生涯解脫，過著與正妹交往的日子。但是後來才發現，人生就是生來受苦的，你以為考上什麼、得到什麼，就可以過著爽日子。

喔，誤會大了，人生才不是這樣。

你有看過卡謬的一本書：《薛西佛斯的神話》（*Le Mythe de Sisyphe*）嗎？

薛西佛斯是一個希臘神祇，他雙眼失明，卻被懲罰必須將一顆大石頭推上山頂，而石頭會在到達山頂後，再次滑落下來，他必須周而復始的把這塊石頭推上山去，這就是他的懲罰。

考上高中以後，你得要考大學，考上大學以後，你得要念研究所，或者找一份人人稱羨的工作，找到工作以後，你得要面臨工作上不停的考驗，然後你要面臨要不要婚姻、會不會背叛別人、別人會不會背叛你。有了孩子，要擔心他是不是平安長大，孩子長大以後，擔心自己會不會年老孤獨，會不會身體健康，能不能平安退休，然後呢？

然後你就死掉了。

你、不、覺、得、很、累、嗎？

在你這段時期，你可以值得自豪的地方，當然不是只有讀書，這也不會是你的全部。等到你長大以後就會知道，其實很少人會在意你高中的時候數學曾經被當（就是我），也很少人會在意你曾經因為儀容不整被記警告、抽煙曾經被記過（還是我），所有的這些、那些，其實到最後都是歲月中令你莞爾一笑的小事情而已。

學生最會的，不會是念書，只是念書是你比較有空可以專心做的事情。事實上，你可以參加社團、交男友女友、講一些無聊的幹話、看幾部好電影、寫幾本無病呻吟的小說、做一些有趣的實驗，這些都是念書以外，更有趣的事情。

至於成績不好？喔，其實我的高中三年，理化與數學，從沒及格過。我最厲害的科目是三民主義，那又怎樣？背熟孫文與林白樂教授曾經講過什麼，並沒有讓我的人生更美好，可以嗎？現在讓我人生更美好的，是我有這個機會跟你對話，希望你的人生在灰暗的一片中，可以看到一絲絲光芒，如此而已。

相信我，很多人在意你這個人，但沒有人在意你這個人的PR值有多高。

其實人生很苦，因為老是必須克服一件又一件愚蠢的麻煩，有時候是自己惹出來的，有時候是別人帶給你的，而且一直重複，就像是薛西佛斯在推那顆石頭上山一樣，你甚至知道它會再度滾下來，可是你一樣得要往上推。

你的存在不是為了消失，你的出生更不是為了死亡，因為中間有過程。

你知道嗎？生命中，很多的努力都是徒勞無功的，然而過程卻代表了意義。我們每個人都在遭受苦難，但是也都在解決苦難的過程中，得到了某些不一樣的意義，然後讓自己承載了許多的試煉以後，變成一個更好的人。你可能會問，變成更好的人又怎樣？

沒怎樣啊！但是你不覺得，變好的過程本身就是一種了不起的意義嗎？你會認識朋友、瞭解背叛、得到獎賞、遭受痛苦，即使吃飽了，接下來又會餓，然而品嚐美食的過程，本身就會是一種樂趣，不是嗎？

往後，你會繼續失敗、偶爾成功，被人家討厭，但也被某些人喜歡，賺了點錢，但是花更多，持續運動，但還是會發胖。這就是你的人生，嘗試不要太討厭它，而且盡量讓別人與自己的生活一樣好，大概也就是這樣了。

這社會，還是有很多同情與關愛的，我們兩個人的對話，不就是如此嗎？而且，高中三年，沒有任何正妹喜歡我，這是真的！

呂律師聊天室

天賦與特質

念書究竟是不是唯一的出路？對於多數的國中與高中生而言，其實非常遙遠。以我自己為例，當年為何一定要拼死考上建國中學？為何考上政治大學時，父親覺得唯有台灣大學可以滿足他？為何要取得碩士、博士學位？其實我一直都是懵懵懂懂，因為沒有任何成年人告訴我原因，只是反覆的陳述「你長大以後就知道了」，但是長大以後，詢問當時逼迫我念書的父親，究竟為什麼？他只是模模糊糊的回應：「不然你現在怎麼會這麼成功？」

然而，我對於這個答案非常不服氣。首先，沒有人定義什麼是成功，除了台北市的某所高中叫做成功，這是確定的，其他對於成功的定義，都是不確定的。我目前的狀況，可以說成功，也可以說失敗，完全端賴於從哪個面向去觀察。而且人外有人，低標與高標也都不一樣，我的渺小成功，或許是別人的偉大失敗，這要如何去定義？賺很多錢？很多人注視？有份不錯的工作？這可以算是成功嗎？況且，如果目前這樣的狀態算是成功，跟學歷又有何關係？跟我從建國中學、政治大學、台灣大學畢業，取得三個碩士、一個博士，有何關係？這些學歷對於我的工作而言，除了學士後法律的碩士，是取得證照的門檻以外，與賺錢、很多人注視、不錯的工作，關連性在哪裡？

最重要的部分來了，我快樂嗎？如果人所追求的成就，就是為了快樂，那麼學歷跟我的快樂，相關嗎？

對我而言，是相關的，因為其實我喜歡看書，或者說，不帶目的的閱讀。我喜歡閱讀歷史、哲學、政治類的書籍，也喜歡與邏輯相關的法律。基於星座使然（大誤），我喜歡公平的事物，所以「或許」適合擔任律師。所以我喜歡念書，升學這條路，就是我最好的選擇，讓我可以在學歷的殺戮戰場上取得成就感。我喜歡閱讀，適合考試，所以一路過關斬將，但是閱讀與學歷，卻與我目前所謂的成就並沒有直接相關性。

就我而言，究竟什麼特質與成就相關？

這個人的個性，是不是善良、體貼、負責任，是否具備解決別人的問題，這些特質，才與成就具備關連性。然而，這些特質能否與學歷直接連結？很遺憾，台灣的學校並不著重在這裡，我們著重在你可以理解、閱讀、背誦多少學科。進一步的問題在於，每個人對於學科的吸收能力不同，有人適合念書（例如我，就是既得利益者），但是許多人不適合，他們無法在這個領域找到成就感，於是他們在連續的挫敗下，只好承認自己一無是處，而他們真正的專長，卻在學歷萬能的迷思之下被掩蓋。

所以，請認真發掘孩子的長處，有些人就是不適合念書，但是有其他的專長，可以解決別人的問題。當我們聚焦在學歷萬能，或許就會讓這些孩子原本的特質消失，他們在現實的挫折之下，無法繼續貼心的為別人想，也不能繼續善良，而解決問題的能力，也被歸類為雕蟲小技、無足掛齒。

說真的，孩子不願意念書，根本不是問題，父母無心發掘孩子的專長，而是直接找一條最簡單，又以為最安心的升學道路，才是孩子真正的危機。

Chapter

2

我、你、他，還有那些在意的事

沒有人喜歡被長期依賴，這種不健全的關係不會持久，

平等的關係，才是任何關係維繫的長久之道。

來自父母親的信：

你在哪裡，媽媽就在哪裡

寶貝，下星期，我們就要開庭了。媽媽覺得很難過，生平第一次上法院，竟然是因為你，而且是因為你對我提出保護令的聲請。不過，媽媽願意面對這件事，或許這是我們打開現在僵局的一種方式。

其實媽媽有很多話，不知道怎麼跟你說，現在在你眼裡，可能我就是個阻撓你愛情的歐巴桑，你爸爸就是個愛管閒事的老阿北。不過，畢竟你才十六歲，而你交往的對象又是三十歲，我把你當大人，你得要想想，有些事情怎麼做，會對你最好，畢竟媽媽已經不像以前，可以要你、或不要你做任何事情。雖然還沒有成年，你仍然是獨立的個體，是好是壞，我們只能在旁邊看，適時給你一些建議，做決定的人還是你自己。

因為，我不會陪伴你一輩子。

所以，首先我要讓你知道前提。無論你做了什麼事、犯了什麼錯、被誰欺負，我們家的門，永遠都是為你開啟，你隨時可以回來、可以出去，我跟你爸都會給你最大的擁抱。

接著，我們來談談你最新的這段感情。

你記得去年，你喜歡的那個大三男生嗎？你們在補習班認識，然後開始交往。我跟你只說過一句話，你不要害人家犯法。因為你未滿十六歲，如果發生性行為，這不是告訴乃論，我也不能撤告。後來，你們交往三個月就分手，你跟我說，你被他傷得很重。我看到你哭得這麼難過，我只能陪你一起掉眼淚。畢竟男友是你選的，我阻擋你，又有什麼用？

而你現在這一段感情，站在媽媽的立場，我不曉得怎麼說。

到了三十歲，能力、成就、工作好不好，站在世俗的眼光裡，或者媽媽的角度來看，我沒有意見。他只要不為非作歹、無所事事，其實愛你就好。但是，我不能接受的事情在於，你跟他交往以後，為了陪他，你開始蹺課。晚上的補習也不去了，但是每天卻都十一點多才回家，我問你去哪裡，你也只是冷冷的回答：「要你管！」

孩子，在你未滿二十歲之前，我是你的法定代理人，不是我想管，而是我一定得管。你要知道，根據民法規定，如果你在外闖禍，我得要跟你一起連帶賠償，因為法律會認為，我沒有盡到監督管理的責任。我聽律師說過，他曾經遇過一個小女孩去跟一個已婚的男生住在一起，結果老婆告他通姦罪，還要求女孩的爸媽一起連帶賠償。

孩子，雖然我們家很窮，你爸是計程車司機，媽媽也只是在早餐店工作，我們都是靠自己的勞力賺錢。傷害人家，賠錢事小，責任事大。身為你的媽媽，我必須要求你，書念不好無所謂，但是在二十歲以前，我有義務要輔導你，讓你成為一個對自己負責任的人。而你，對於你的課業、社團、朋友，有負責任嗎？

目前為止，我只看到你被愛情沖昏頭。你不去社團、不上課、把原本的朋友通通疏遠，你覺得跟著他，就是最幸福的事情。可是，女人的夢想是什麼？你有想過嗎？你覺得，愛情就可以讓你的人生充滿意義嗎？

媽媽的淺見認為，這是不行的。女人，或者說人，不能仰賴另一半過活，你跟另一半，應該是相輔相成的。你要獨立、要有工作、要有思考力、要有能力，而這些，都不是跟這個會要你蹺課陪他、當著你爸的面在巷口跟你擁吻、要你疏遠朋友只跟他在一起的男人可以給你的。更何況，他要你對我們父母聲請保護令，你竟然就這麼做了。

那天，我確實想要沒收你的手機。因為你的電話費已經太高，那個男生又不肯幫你付，要你打給他，卻又推得一乾二淨。但是你一聽到我要沒收你的手機，就把媽媽的手機往地上摔。你爸一時氣不過，才會打你一巴掌，這樣算是家暴？媽媽不懂法律，可是你真的嚇到我們了。爸爸動手打你，當然不對，可是他這輩子就打過你這一次，你上次在巷口，跟那個男人接吻，他看到那個男人的手，在你的胸部揉搓，他很難過，因為他覺得那個男人不尊重你，可是他也沒有對你們如何，只是要他離開你而已，你真的覺得爸爸是壞人？

你不知道的是，你爸爸在回家以後，關在房間裡，喝了半瓶高粱酒，然後哭得很傷心。

孩子，我跟爸爸都很愛你。不論你做了什麼，你永遠是我們家的一份子。媽媽寫這封信給你，不是擔心保護令會成立，而是擔心未來你的世界會變成什麼樣子。在這封信最後，讓我提醒你一件七年前的往事。

你可能忘記了，不過媽可是記得很清楚。在你十歲的那一年，有天你上完課以後回家，心情悶悶不樂，我問你怎麼回事，你想了很久以後，憂心忡忡的問我一個問題：「老師說，太陽會在五十億年以後熄滅，到那時候，我會在哪裡？還會活著嗎？」

你記得我說什麼嗎？我說：「我不知道。但是，你在哪裡，媽媽就在哪裡。」

愛你的媽媽

看到同學被霸凌了該怎麼辦？

我今年大三，接了個小學三年級的家教，今天小妹妹跟我說，她有個同學常常做些欺負別人的事，像故意伸出腳絆倒同學等等，所以很多人都不喜歡那位同學，甚至有朋友跟家教妹妹說如果跟那位同學講話就不跟她當朋友，孩子因為害怕失去好朋友，就跟大家一樣不太理他。我想這就是種霸凌，當然那位孩子也有錯，我想家教對我來說最大的重點不是學科，而是真正的教育。但是不知道該怎麼跟家教妹妹解釋該怎麼處理，或者應該怎麼做才是對的，想聽聽看律師的想法。

A 沉默是霸凌的幫助犯，袖手旁觀就是共犯

這位同學，接家教是好事，或許你以後帶給這個孩子的記憶，不是你教會她數學，而是你曾經對她說過了什麼話。或者說，所有的老師，其實都是如此。學生不會記得老師曾經給了多少知識，而是這個老師在他的心中，曾經扮演過多麼重要的角色。

我們來談談霸凌這件事。

其實平常我會接到某些家長或老師跟我討論霸凌的問題。這不是台灣現在特有的現象，在國外、在過去，都同樣有霸凌出現。也不見得是某位或某些同學霸凌特定人，許多時候甚至是老師帶頭霸凌某個人，因為他的特徵是單親、貧窮、性向等等。但無論如何，都是一個或一群有權力、實力、拳頭

的人，壓迫其他人，一起來欺負另一個或一群人。這種現象從小到大，一直都會發生，比較有意思的在於，人習慣會依附權力、實力、拳頭，導致我們經常不知不覺會變成共犯結構中的一份子。是的，當屈服於強權，我們不想是共犯，但我們就是。因為你的學生只能沉默以對、袖手旁觀，所以，關於霸凌，我希望你可以跟那位孩子說這些事：

1. **權力是用來對抗更強大的壓迫者，不是打擊弱小的受害人：**

   當一個人擁有權力，不論是體力、知識、地位等，他應該運用這些能力幫助別人，而不是壓迫弱勢者，取得自己更多的資源，這也是人類社會存在的唯一目的。

2. **霸凌別人的那個人，他的內心其實很空虛：**

   不要以為那個欺負別人的強者很有辦法，事實上，看著別人無助的表情，而能哈哈大笑、洋洋得意，本身就已經沒有做人的資格，他只能透過嘲笑別人而開心，其實內心很空虛。

3. **老師的每一句話，都會影響學生：**

   身為老師，不要以為你說的話對學生沒有作用，只要在某個時間對某個人或某些人，起了某些正面影響，你就會是成功的老師。當然，不經意的時候，你說了傷害某個人或某些人的話，也是如此。

4. 不要怕被孤立，因為你本來就是孤獨一人：

把對方孤立，是霸凌的一種，但是本來人就是孤獨的，就算有人孤立你，你也可以把這件事情當作跟自己獨處的機會。你如果沒有自信，你到哪裡都是孤獨的，特別是依附在一群人裡，沒有自我，其實那是更冷漠的孤立。

5. 你可以不喜歡他，但你不能欺負他：

對於某些人，你可能看不順眼，但是你只能禮貌的與他相處，而不是絆他一腳，或是踢他兩下，因為你討厭他，但他不欠你。

6. 跟被霸凌的人站在一起，是一種榮譽：

有人被霸凌，你應該選擇站在他身邊。霸凌他的人，如果是你朋友，別怕失去他，因為他已經失去自己的靈魂，沒有靈魂的人，不會是你的朋友。如果他被霸凌，請跟他站在一起，你的聲音，可能會挽救一個即將死去的靈魂。

7. 沉默是霸凌的幫助犯，袖手旁觀就是共犯：

沉默，等於讓被霸凌的人對於人性失去信任，不對的事情，你就應該反抗，而不是淪為共犯的一員，不當胖虎，你也不能當小夫。

8. 面對霸凌，你可以找更強勢的人相助，或者讓自己變得強大：

不要覺得「那就這樣了」，胖虎其實會怕高中生，或者是有小叮噹幫助的大雄。你的反抗，會讓對方大吃一驚，甚至以後不敢再欺負你。

9. 法律，是處理霸凌的底線，姑息就會養奸：

不要以暴制暴，霸凌會涉及傷害、公然侮辱、加重誹謗、強制、恐嚇等。未成年人就算犯錯，也應該接受少年事件處理法的輔導。不論是老師，或是同學，只要面對霸凌，就應該依法處理，請不要姑息。

10. 「無論高牆多麼正確和雞蛋多麼錯誤，我也還是站在雞蛋一邊。正確不正確，是由別人決定的，或是由時間和歷史決定的。假如小說家站在高牆一邊寫作，不管出於何種理由，那個作家又有多大價值呢？」

村上春樹是這麼說的，對與錯，從來不是決定在當下而已。他選擇雞蛋，並不是基於莫名的同情心而已，而是選擇身為人的最終價值。

很多人不喜歡我，該怎麼辦？

律師您好，我是一個小學的小五生，我沒有什麼心機，一直覺得朋友就是互相扶持的，我的朋友不多，可是有好多人不喜歡我，常常在背後中傷我，我又比較內向，不太敢講，我該怎麼辦才好呢？

A 愛你的人不會在乎，不愛你的人你又何必在乎

親愛的孩子，你好，謝謝你發這封訊息給我。目前為止，你應該是年紀最小的讀者，希望你繼續喜歡文字、思考與閱讀，以下的內容，我會把你當成年人來溝通，如果你一時無法理解也沒關係，你可以請你的爸媽解釋給你聽，或是，過幾年可以再看看這一篇回應。

朋友，是你除了家人以外，最重要的一群人。對你而言，他們有很多種不同的類型，例如學校、臉書、補習班等等，以後在長大以後的工作場合裡，你也會認識一些很好的人，他們會給你不一樣的體驗。他們在你的生命中，大約就是來來去去，有些人會走，有些人就留了下來，成為你一輩子的好姊妹。

可是，你一定要記得，朋友，跟你未來的伴侶一樣，都只是你生命中的一部分。最重要的，還是要愛自己。別誤會，我不是要你自私，而是要你自愛。你不可以透過傷害別人而愛自己，那是自私；但是你可以給自己的生命最好的待遇，例如讓自己學習、成長。朋友，他們在你的生命中，大抵上可以扮演這樣的角色。

其實你不用擔心別人討厭你，因為我只怕你討厭自己而已。被人討厭是正常的，因為別人沒必要包容你。他可以因為你說的話、寫的文字、做的事情、想的念頭，而討厭你，因為這個世界本來就有非常多不一樣的想法。他們甚至可以因為莫名的原因，就可以傷害你。但是，你真的不用擔心別人討厭你，因為當你可以對自己有自信的時候，其實你連擔心的時間都沒有。

你都在往前跑，哪有時間可以回頭？

你不用擔心朋友不多，因為朋友的多與少，不是你可以選擇的。有些人，就是跟你有緣分，十年以後還會跟你相見，但有些人，即使現在如膠似漆，到了國中以後，卻突然銷聲匿跡。你永遠不會知道，這個人為什麼不見了、為什麼突然討厭你了，你對他仍然掏心掏肺，但他可能就只是冷漠的轉過身去。

你要問為什麼？其實他也不知道，或許就是某個瞬間，你們突然沒有緣分了。

你說，有人中傷你，我想對你說的是：「愛你的人不會在乎，不愛你的人，你又何必在乎。」你以後要在乎的人與事太多了，為什麼你要忽略那些愛你的人，而卻在意那些攻擊你的人呢？更何況，他們可能根本就不認識你。

你應該做的，抽象來說，是好好愛自己。具體來說，是勇敢的去愛、認真的生活、負責的人生，做好你這個階段該做的事。至於那些人看你不順眼，放心，就算你照他們的意思去做，他們一樣看你不爽。你何必在這裡一直糾結打轉？

孩子，變來變去的世界沒有絕對，而有些人出現，只是為了給你一個教訓，然後離你而去，如此罷了。

傷害你的人，如果你用這個角度來看，他也是你人生中的好朋友，對不對？

加油，也希望你畢業順利。

該如何不用忍氣吞聲以及保有隱私權？

律師你好，我是一個十五歲即將升高中的學生，最近有兩件很煩惱的事。您可能會覺得我都要高中了還這麼幼稚，但我煩惱好久、哭了好久。

第一件是因為班上同學搶我手機，結果將我跟別人的聊天訊息看光的事。我是一個不知道怎麼生氣的人，所以我很後悔沒有直接發飆。我在學校成績中上，但是異性緣很差。搶我手機的同學，本來是我的好朋友，她的異性緣很好，但是我跟她聊讀書的事，她都會回嗆我，你只會讀書是會怎樣？還不是找不到工作。有時候還會嗆我，怎樣！我比你漂亮、胸部比你大、也有男朋友，那你呢？我聽她這樣兩年了，我也忍了兩年。每次我都笑笑地跟她抱怨，但誰講她都聽不進去。所以後來我在ＩＧ上發文，我承認我用了不好的字眼（FUCKING BITCH），沒想到一分鐘後，她發了另一篇文罵我婊子。我媽叫我忍下來，可是我不懂為甚麼必須忍氣吞聲？這件事讓我很沮喪。

第二件是我們家是一個比較嚴格的家庭，我從小到大都沒對爸媽頂過嘴，爸媽管我管得很死。畢業典禮當天班上同學要約我唱歌，可是我媽卻死都不讓我去，我跟她談過很多次，但她說她有她的原則。同學都說我是廢物，因為只會服從爸媽，這讓我壓力很大。還有我媽都會定期看我的手機訊息，我已經不高興很久了，但不知道怎麼表達。每次我跟朋友聊天講髒話時，我都會被唸，她總說讓我學音樂，是要培養女生的氣質，我搞不懂為什麼她總要監控我，還規定我一定要有氣質，我也想做自己，更想保有自己的隱私權。律師我要怎麼辦呢？最後很謝謝您看完，我十五歲的幼稚煩惱。

A 友誼不是建立在容忍之上

孩子，你的煩惱，一點也不幼稚。事實上，很多大人，跟你有一樣的煩惱，我可以簡單歸納成：不敢生氣、沒有勇氣。

你的前任好友，雖然我還是不贊成你的用詞，因為還是有性別歧視的味道。簡單來說，她的行為，大概就是你形容的字眼。她不該搶你的手機、不該否定你的優點。但是，因為自卑的人，往往只看到別人的缺點，與自己的優點，所以倒也不必太在意，一直往前跑的人，回頭會減緩你前進的速度，不是嗎？

比你漂亮又怎麼樣？紅顏薄命沒聽過嗎？比你胸部大又怎麼樣？還不就是脂肪比較多而已。有男友又怎麼樣？十六歲懷孕的人多得是。多充實自己的腦袋、知道自己可以做什麼、不能做什麼，這不是比較好的人生嗎？

問題是，你不敢生氣。你竟然忍了兩年，這一點讓我比較不能接受。或許你是因為珍惜她的「友誼」，然而友誼不是建立在容忍之上，該生氣就要生氣，這是一種情緒的展現，不叫做ＥＱ不好，而是不能被當作沒脾氣沒個性的人。有些人，你不當一回怒目金剛，他就是會把你當作軟土深掘。

其次，你卻又太在意同學的看法。每個人的家庭教育不同，你媽的作法確實不好，因為她不信任你。然而，在二十歲成年之前，依民法規定，她就是對你有保護、教養的義務，所以她如果不希望你太晚回家，你還是得在當中妥協。不過，我只要你妥協，我可沒要你照單全收。

你要學著抗議，而且持續不斷的爭取。你可以在媽媽的想法與自己的意志之間，找出一個平衡點。所謂的原則，就是用來打破的，你可以想辦法創設例外，然後讓你的例外變成新的原則。然而，你必須要有勇氣這麼做。她如果強行要看你的手機，請你勇敢的拒絕，告訴她這是隱私權。如果她堅持要看，你就在回家以後通通刪除，讓她什麼也看不到。至於氣質，不要太在意這種東西，真正的氣質，不來自於音樂，也不從性別區分，而是從你的行為所散發。況且，沒有所謂「女生應有的氣質」這種東西，很多時候，私下自言自語罵髒話，可以健胃整腸助消化，也是一種好事。只是，不要對著人家罵，會犯法，這是公然侮辱。

所以，根據慣例，我還是要給你一些具體的建議：

1. **喜歡欺負別人的人：**

往往心中都有陰影，你要可憐他、同情他，但是不用原諒他。最重要的是，你要遠離他。

2. **如果有人異性緣很好，你要懂得欣賞：**

因為或許他有獨特的個性或交友方式，可以值得你學習，但如果做不來，也不需要刻意改變自己。

3. **每個人都有上天給的禮物（gift），我們稱之為天賦：**

她有她的，你有你的。你這一生，就是要努力發掘自己的天賦（gift），然後認真的用這項禮物，來做一點有趣的事情。

4. 你要順從自己的渴望，憋住情緒會憋出病來的：

而氣質一點也不重要，你要培養出自己的特色，這個世界上，一定會有人喜歡你這個樣子。

5. 對於身邊慣常欺負你的人，請不要忍耐：

忍耐不是美德，只會讓你更鄉愿，說不定人家還覺得你習慣了。你要反映出來，適當的宣洩情緒，有助於身心健康。

6. 權益是抗爭而來的：

所有的進步，都是在迂迴中發生。所以你不要只會聽話，而是要思考。

7. 不要只會反抗權威，有時候可以想想「權威的來源與道理」：

父母說的話，不見得是對的，但是，二十歲以後，你才有完整的自主權。在那之前，還是得在抗爭與忍耐中，尋找你們的平衡點。

8. 隱私權，不是成年以後才有的東西，你現在就值得擁有：

所以如果有人侵犯你的隱私權，你應該勇敢的拒絕。

9. 沒有「女生的氣質」這種東西：

該罵髒話的時候，私下多罵兩句，有益身心健康。

10. 該哭就哭、該笑就笑、該生氣就生氣，人生沒這麼多規矩的。

少年維特的煩惱之一：在意

我是一位十七歲的高中生，如果您願意撥空給我指點迷津，我一定會非常感謝的。一直以來我都被兩個問題困擾著，好幾次鼓起了勇氣才衝動寫給您，希望你不要覺得我的問題無聊。

我是一個音樂班的學生，上台表演是家常便飯，我卻覺得我非常在意別人的看法，這帶給我很大的困擾而我一直沒辦法克服，因為不管是不是上台，我做什麼都要思考別人怎麼想我，如果表現不好一定會很沒面子等等，比賽的時候拿了好成績，我竟然不是為自己開心，而是在思考別人會怎麼看，我平常並沒有真的表現很差，但我卻會因為大家怎麼想而屢屢失常。

另一個問題就是，我覺得我從小就什麼事情都比來比去，現在有了社群網站之後益發嚴重，我想知道為什麼人總是見不得別人好？要怎麼解決這個問題？要是沒有比較的心，人生不是會快樂自由一點？唯一的方法只有不去看，不去想嗎？

A 大家最關心的其實都是自己

孩子，所有的問題，只要對你已經造成困擾，就是問題，就不無聊。

其實，兩個問題可以合併成一個，就是你在意別人的眼光。我之前曾經講過，人生有三個階段，想成為別人，想成為別人眼光中的自己，想成為自己。恭喜你，已經在第二階段了。

想成為別人，所以你會去模仿。例如看到偶像，你會希望過跟他一樣的生活，你希望跟他一樣光鮮亮麗。但是你不是他，你也不知道他的生活究竟是什麼，所以你會很痛苦，但是，這是一種鼓勵你向上的動力，沒有不好，只是要適可而止。因為你不是他，你也不會成為他。過頭了，就會讓你自己無法自拔。

想成為別人眼光中的自己，就是你現在的狀況。你認為別人都在看你，希望你可以表現得很好，或者是你希望自己可以不讓別人失望，這時候固然可以激發出潛力，但更多時候是挫折。因為你過於在意別人，所以忘記自己本來應該是什麼樣子。

而且，你真的知道你在別人的眼裡是什麼樣子嗎？或者說，別人在意你是什麼樣子嗎？

說真的，大部分人根本沒有把你的表現當成一回事。不是因為你成就不高或者年紀小，而是大家最關心的其實都是自己。不論你好，或者不好，也就是別人茶餘飯後的話題而已。先別生氣，因為「誰人背後不參誰」？其實每個人都會去評論某些人某些事，只是評論完以後就結束了，你的人生又不是長在他們嘴上，你幹嘛這麼在意他們怎麼想？他們認為你該如何如何，很多時候就是你自己的想像而已，或許他們根本沒這種期待。

我期望你成為自己。一個放鬆的自己。只有在放鬆狀況，你的表現才會是最好的，因為那就是你。而所謂的「最好」，不是擊敗所有人，而是那就是你，你就是最好。

至於那些臉書與ＩＧ上的好，你就別在意了。大多數人都有自己的麻煩，但是他們總不會把自己丟臉的那一面放上來給你看。當你看到他在曬出國，說不定是借錢去的；他在吃美食，下個月的信用卡帳單不知道怎麼辦；他在曬恩愛，其實兩個人昨天才吵過架。你看到的，永遠都是隱惡揚善，這種事情看看就好，我們祝福，但不必羨慕，你應該羨慕的，是自己的人生。

少年維特的煩惱之二：被在意

麗絲姐姐，不知道您會不會看到，不過還是希望能得到您的一點小建議。我是剛升上高一的學生，意外的和我國中要好了三年的摯友（閨密？）同班，起初當然是非常的高興，但是經過一段時間後，我發現她很多地方都表現出想要超越我，輸了我就會不開心的感覺，從課業、體適能、甚至是人際關係。我不覺得我們之間是需要比出誰優誰劣、比出勝負的，比起生氣我更多的是驚訝和難過，原來她是這樣看我。

另外她也喜歡模仿我，我選了什麼社團、看了什麼動畫、寫了什麼小說，甚至是說話用語，她都會想跟我一樣。就連學校的便服日她也會問我會怎麼穿，但有時候我會想是不是我太小氣，不過我不喜歡這種感覺。我還是很喜歡這個朋友，不過我現在想到她就覺得壓力好大，但我得每天面對她。我該怎麼辦？麗絲，謝謝你看到這裡。

A

適當的友誼，是三分甜

孩子，你真是乖巧懂事，知道叫姐姐。醒醒吧！我不可能有高一的妹妹啊！要也是女兒好嗎？

在好友相處的過程中，尤其是在你這個時期，彼此模仿是正常的。她一定是覺得你各方面都很好，所以想要跟你一樣。恭喜你，你成為她的偶像，所以她想模仿你，但因為你也是她的好友，所以她想超越你。基本上，如果不變質，這會是一段很棒的友誼。

「如果不變質」的意思是，你們不會把自己的交友圈僅限於對方，也不會因為這樣而衍生出嫉妒、背叛、佔有等等負面情緒。因為一旦衍生這些問題，這就會變成路人，當年是閨密般的親密，現在就會變成路人般的冷漠。

所以，你得要掌握分寸。無論如何，你們之間都不能成為一種依附關係。所謂的依附關係，就是當你覺得沒有他，你會感受到焦慮、憤怒、不安、恐懼，那就是你該退場的時候。適當的友誼，是三分甜，而不是全糖，擴充到任何的關係其實也都是如此。

對於不喜歡的關係，要勇敢說不。如果你現在覺得壓力很大，不妨讓彼此之間休息一下，你可以多找幾個朋友聊天，不要再把焦點放在你們兩個人身上。即便她因此而不開心，你也得要把握分寸。關係一直太甜，就會衍生糖尿病，無糖的白開水，才是人我份際裡健康的作法。

如何拒絕一個情緒容易受影響的人的告白？

呂律師你好！在同為崩潰狀態的朋友的建議下來找您了。我現在是一個高三生，也就是學測生，在這種時機點卻被告白了。對方非常之誠懇，當下我的回覆是：「我們學測完再講這件事情，現在應該要專心念書」，因為怕對方被影響（間接來說我很可能會毀了對方），而且對方是感情非常纖細非常容易受影響的人。

之後他滿常提出要和我相處的問題，因為老實講我真的不喜歡對方，也覺得蠻煩的（不是覺得對方煩，是不知道這件事情該怎麼處理而煩），就可能有點表現出有點愛理不理的態度，就在前幾個小時，對方發了一長串訊息給我，說「自己一直想到我」、「吃不下飯」、「沒辦法專心念書」和「覺得有點憂鬱」，對方委婉地表示想聽我的想法，並且說不會被影響到考試，但就我對他的認知而言，他一定會被影響，而且程度一定不小，於是我真的不知道該怎麼回覆他了。不可能真的打槍說，我不喜歡你，感覺後果會很淒慘。

來自第一次遇到這種事情感到很煩的高三學生。

A

愛，是必須；但愛誰，不是必須

孩子，我常想，我高中時候，怎麼沒遇過你這樣的女孩，結果都是直接被打槍。

你的最大問題，就是「想東想西，就是沒想到你自己」。或者用另一種方式說，你要學會如何堅定且溫柔的拒絕你不想要的人，以及你不想要的事。不然，情緒勒索這個課題，將會一輩子跟你如影隨行。

你得要先想想，你們兩人之間，是不是「學業與愛情如何選擇」的議題，或者是「你不喜歡他，但又擔心傷害他」的困擾。孩子，這世界上很難有兩全其美的事情，特別是感情。如果你想要保護自己，卻又要顧全他的感受，最後就是兩面不是人，他覺得你欺騙他，你又覺得你很無辜。而且，你替他想，誰替你想？這不是鼓勵你自私（雖然感情本來就是自私的），而是你沒必要為了「不是你的錯」的事情負責任，否則你這輩子會有處理不完的麻煩，你除了善良，本來就還得有點鋒芒。

首先，你得先確認自己的心意，你是不是喜歡他？如果不喜歡他，就得要跟他進行「直球對決」；如果喜歡他，現在卻要以考試優先，那麼你就可以先用變化球拖延時間，等考完再給彼此機會。所謂的喜歡，只要達到「不排斥可以認識彼此」就好，並不用到朝思暮想的地步。畢竟你現在最重視的是考試，那就以你自己的想法為主，他不能等，是他的問題，不是你的。只是前提在於，你想讓他等，而且他也同意等；如果根本不想要這個人，就得趁早說清楚。

在選擇朋友上，你有絕對的自主權。只要不傷害別人，你本來就可以拒絕合群，也不需要配合誰的情緒。所以，如果你不喜歡他，別怕傷害他，因為時間拖越久，對他而言的傷害其實才是越大，反作用力也就越強。你可以善良，但不能預設每個人都跟你一樣善良，你不需要覺得內疚，因為別人喜歡你，是他的選擇，你不需要對於別人的選擇而不開心，不是嗎？

其實，喜歡與討厭一樣，是沒有道理可言的。你喜歡這個人，不會有理性可言，但是討厭也是。就是因為如此，所以當對方看不透這一點，就會自我感覺良好的以為「你怎麼可以不愛我」？但是愛或不愛，哪有什麼成本效益分析可以參考？很多成年人，明知道這場愛情談不得，還是飛蛾撲火、奮不顧身的去愛，你不能影響別人，至少可以改變自己。

而對於一個你不喜歡的人而言，只有黑白分明，沒有灰色地帶。你必須要不留情面、斬釘截鐵的告訴對方，過去、現在與未來，你們之間都不會有火花。當你可以明白、堅定而婉轉的拒絕他，其實才是對他好。你讓他存有希望，他就會持續的花時間在你身上，不斷的傳訊息給你，或是希望可以從你這裡得到一些善意的回應。對他而言，你的不拒絕，其實就代表他有機會，時間長了以後，他會自以為你們已經「談戀愛」這麼久，但是卻得不到他滿意的回應，悲劇就有可能會發生。

是的，對於你不愛的人，請你直球對決，讓他明白的被三振出局。

怎麼堅定而溫柔的拒絕呢？

1. 訊息已讀不回，但是別封鎖。已讀不回，代表不知如何回應，不封鎖，可以知道他想幹嘛，還可以保留證據。真要回應，那就只能回「嗯嗯、哈哈、在念書」。

2. 不要答應跟他出去，即使談判都不要。你跟他只是「認識」，又還沒交往，有什麼好談判？

3. 你可以主動發給他訊息：「我們只能當朋友，不要再告訴我，你有多喜歡我。單行道不是愛，雙向才是。」訊息要簡單、確定。

4. 如果有機會在學校或是工作場合遇到，請保持距離。

5. 如果對方打電話來，不要拒接，保持禮貌就好。

6. 不要接受他的任何禮物，完全不要。

7. 因為擔心他受傷而容忍，最後就是你受傷。

8. 如果對方已經開始跟蹤，請務必告訴其他人，也盡量避免單獨一個人。反跟蹤法在台灣還沒立法，但內政部即將提出草案。

9. 當察覺對方情緒有可能失控，請通知對方的親友，也要請身邊的人幫忙注意。

10. 練習跆拳道。

最後，會用哀求策略來取得感情的人，這就是一種情緒勒索。如果你屈從於哀求，哪天你拒絕這樣的情緒，就有可能演變為暴力。所以請你一定要懂得求助，不要認為自己可以妥善處理。把你現在的困擾告訴父母、師長，或是其他的好友，請他們好好的跟對方談談。

請你記得，在感情世界裡，沒有人有權利要求你「必須」得愛他。愛，是必須；但愛誰，不是必須。而當愛只是傷害，那不是愛，那叫做自私。

如何融入
班上叱吒風雲的同學圈中？

我現在是高三的學生，從高二開始，我因為懶惰沒寫作業，讓老師常常罵我，因而同學對我的印象不太好。加上我比較不擅於社交，有時候又喜歡講幹話、耍白目，造成我沒有辦法融入我想加入的那群人。

因為那群人的行為是我蠻企盼的一個模式：環島住網咖、上課遲到去打球、在班上叱吒風雲，我也想加入他們，後來我試著在體育課的時候和他們打球，在班上也很少說幹話，或是根本不說話，有時候還要幫他們做跑腿之類的事情，結果我現在發現我還是沒辦法融入他們，因為我們之間是不對等的，我沒有從他們身上得到應有的尊重，我現在很困惑……可以請律師幫我解答一下嗎？

A
別透過別人的眼光來肯定自己的價值

這位同學，使用標點符號很重要，不要用空格的方式斷句。使用驚嘆號跟句點的結果就完全不同，例如：

「年輕人太會花錢了？」與「年輕人太會花錢了！」

你覺得意思一樣嗎？

抱歉，我這個大嬸就是喜歡碎念，現在讓我們來談談正事，關於你的被排擠。

首先，我們來談談你喜歡的那群人。「環島住網咖、上課遲到去打球、在班上叱吒風雲」，你覺得是好事？如果我是你媽，大概會想要把你塞回肚子裡。除非後面加上「學測七十三級」這幾個字。

在高中，如果又會玩，又會念書，絕對是你值得加入的同儕團體。但是你提到的活動，環島為何要住網咖？打球為何要上課遲到？叱咤風雲？你以為在拍《艋舺》嗎？不喜歡念書，就不要選擇高中，早點出社會學經驗與技術；想要念書，就認真考上好學校。你媽出學費，不是要讓你去叱咤風雲的。更何況，你的風雲，是霸凌還是風雲？這些人看到教官，還不是只能大聲敬禮問好？

你不要誤會了，「又會玩，又會念書」，並不是指你要考上一所很好的大學，因為即便可以考上好學校、找到一份高薪的工作，如果你不懂得有體貼別人的心意，那也就是一個吞食社會資源的人而已。

那句話代表的意思，是「自律」。你在放鬆的時候，可以環島打球，在收心的時候，可以用功念書。

所以，你用盡心力，甚至犧牲自己的自尊，想要加入這個團體，一開始的動機就錯了。

因為你不過就是想要得到肯定，卻反而讓自己被他們否定。對你而言，你並不是透過自律，而肯定自己的價值，卻是透過別人的眼光，讓自己覺得有意義。

你無法融入他們的原因，根本就是因為你不是他們那一群的人，勉強自己變成那樣的人，你覺得好嗎？

你現在覺得他們很酷，或許只是因為你很孤單。但是，孤單剛好是培養自己自律的一種方式，你不用因為同儕壓力，而勉強自己做不喜歡的事情。

在美國大學裡，有所謂的兄弟會，他們會要求新進會員做一些匪夷所思的事情，來獲得他們的認同。這種行為在梁山泊裡，稱之為「投名狀」，你必須殺個人來證明自己是夠資格的。可是，你真的覺得你是梁山好漢嗎？

孩子，我覺得你是善良的，所以你根本不需要去尋求他們的認同。這些人，即使現在跟你「山盟海誓」，到了大學以後，你們就會鳥獸四散。

所以，你的改變應該要為了自己，而不是符合別人對你的期望。如果為了加入他們團體，你必須幫他們跑腿、犧牲自己的自尊與時間，來換取他們的認同，那就證明他們只是在利用你而已。

你不需要去做他們認為「很屌」的事情，讓他們接納你。真正的接納，是一群志同道合的人，往同一個目標邁進，你現在是高三，應該要面對的問題，是讓自己透過自律而更成熟，兩年後，你就是成年人了，做傻事來換認同，不會讓別人覺得你是值得結交的朋友。

我知道你現在很沒有自信，所以積極的想要獲得認同，但是反而失去了自尊。所以，請永遠記得這句話：

這是你終其一生，都可以努力的方向哪。

有小聰明就可以盡情的欺負別人嗎？

我是一個十八歲的高中女生。多希望能有個燦爛的十八歲、多采的高中生活，就像所有青春氣息四溢的年輕人一樣，但一個單純的願望就這樣被惡意所破壞了。

高二時，班上一個女孩被他們欺負，大家都要她忍著，但我忍不住就是想遏止那些男生的行為，正義應該被執行的不是嗎？姑息只會讓他們覺得無所謂，當時我是這麼想的。

於是，我也被牽連了進去（到這裡我可以更深刻的體會到那個女孩的痛苦）。

他們拐彎抹角的用一些隱喻的方式影射我們，其中還包含了很多性暗示，可是這些都只有我們這些當事人與那些男生知道，每一天、每一節課，他們都喊著自以為幽默的暗語，而且不是一節課一兩次，是一個人開頭後，那些吼叫聲便開始此起彼落，連隔了五個班級都還聽得到。他們跟另外一個班的男生很好，那個班的男生天天跟他們混在一起，明明不認識我跟那個女孩，卻也跟著揶揄我們。

他們直到最後都不認為自己有錯，依然覺得是我跟女孩自己的問題（覺得我們小題大作），不論給他們多少次機會，他們依然欺負著我們。有段時間因為韌帶斷掉所以坐輪椅，他們也因此嘲笑我，還在班級群組裡面散播一些像是「輪椅性愛百科大全」之類的詞彙。

班上的其他女生一開始因為受不了，就鼓吹我們去找老師，但在事情開始處理後（處理完只有變本加厲），卻又怪我們不應該「破壞班上氣氛」，甚至有「好朋友」跟我說：「你應該要檢討你自己的病，是不是因為你受不了他們大吼大叫他們才欺負你的。」

我真的很不懂，為什麼大家都是在檢討被害人？難道我們應該要羞愧的站出來道歉，覺得被欺負是我們的榮幸，反抗只顯得我們不懂感恩嗎？只要在欺負別人時鑽漏洞、拐彎抹角，讓大部分的人看不出來，這些人就無法被制裁嗎？難道就因為他們很會耍小聰明，我們就活該被欺負，怎樣都無法擺脫嗎？他們在沾沾自喜著逃過懲罰時，我們受到的待遇也跟著越來越不堪。難道只要掌握了那些小聰明就可以盡情的欺負別人嗎？（不過就算這樣，我依然不會後悔那時幫女孩掙的那口氣，因為正義是需要被執行的！）

A
找出自己的價值觀
並且深信自己生存下去的意義

親愛的同學，曾經有這樣一段話：「凡是有人笑的時候，就是有人被傷害了。人都是因為一些殘酷的事情才覺得好笑。」我不完全贊同這段話，但是有些人，確實要倚賴嘲笑別人，來讓自己獲得存在感。而他們還會高傲的認為，嘲笑不等於傷害。

你看過《漢娜的遺言》（*13 reasons why*）這本小說，或是電影嗎？故事內容，是一個女孩漢娜自殺身亡，引起很多親友的震驚。而他的一位同學在放學回家時，接到一個神秘盒子，裡面有錄音帶，漢娜在錄音帶裡，詳述了自己為什麼會選擇自殺的十三個理由，例如在第一集裡，就因為高中男生們戲謔的批評照片，漢娜開始承受群體異樣的眼光。這部影集拍得非常精彩，但是非常沉重，如果我有能力可以要求那群欺負你們的男生反省，我會希望你的那些男同學們看看這部影集。

幼稚也要有個底線好嗎？他們這種行為，已經觸犯《性騷擾防治法》、《刑法》上的公然侮辱、加重誹謗罪。傷害別人，很有趣嗎？

他們或許認為，叫人家一聲肥豬、推人家一把、拿對方的胸部開玩笑、順手摸一把、講身障同學的黃色笑話、嘲笑躁鬱症的同學，不過就是玩笑，沒什麼，誰的青春不是這樣過？不，不是的，所有的傷害，其實都是在一點一滴當中累積，最後導引出死亡，不論是心理，或是生理。他們結群成黨排擠你，要傷害你的社交；他們公開辱罵你們，要傷害你的自尊；他們嘲笑你的長相、身材與胸部，要傷害你的認同。在一點一滴的傷害，逐漸讓你的心靈枯萎。當最後有人做出了傻事，每個人都可以若無其事的聳肩，說聲：

「不是我的錯。誰叫他玻璃心？」

「一句肥豬而已，有什麼好生氣的？」

「我只是說他們是同性戀，幹嘛不高興？」

「我講殘障，又不是講他，這麼在意是怎樣？」

「那群女生就是小氣，禁不起別人開玩笑。」

一點一滴的、不知不覺的，他們慢慢的殺害你。當你們分道揚鑣，他會毫不在意的、完全忘記這些事情，因為，「這不過就是件小事，小題大作幹嘛？」

可怕的是，為了所謂的和諧，沒有被迫害的人，會希望被迫害的人息事寧人，因為息的是你的事，寧的是他的人。那些所謂的「好朋友」，會告訴你，是不是你應該檢討，否則為什麼他們不欺負別人，要欺負你？因為受害人活該？而當他們用拐彎抹角的方式，羞辱你、攻擊你，你還不能對號入座，否則你就是自投羅網。他們會用綽號、別名等等方式，讓你知道是在講你，但是當你質疑的時候，他又會說，你幹嘛作賊心虛？

這時候，你被性侵害，他們會說，是因為你不自愛、不檢點，你不是個乖女孩，所以不值得別人好好的對待。你如果不願意脫衣服，有誰可以解你的內衣？原來，你自己才是最大的問題，別人只想解決你，不願意傾聽你。

然而，他們是錯的。如果你已經跟老師反應過，而老師對於這些事情的處理，竟然是束手無策，我會建議你，直接提出告訴，以及向性平會提出申訴。讓這些男生知道，所有形式的霸凌，都是要付出代價的，我願意幫你完成這個心願。

然後，你的心靈要變得更強大，足以應付這些青春期的躁動。當你更從容、更自信、更優雅的看待背叛你的閨密、欺負你的同學、不認識你的路人，你會更有動力來面對這些攻擊。也就是，你要知道，你自己正在堅守什麼價值、什麼信念，而不是只是為了強大而已，否則當你成功以後，只會變成另一種法西斯。

你是對的，請繼續堅持下去，加強自己的本事，即使這個社會對於正義還是有很多不同的看法，但是，讓自己認知正義的過程更無私、執行正義的程序更正確、成本更小、威力更強，還是永遠沒有錯的。

呂律師聊天室

人際關係

小時候，我們很流行「切八段」這種事情。所謂的「切八段」，大概就是童言童語的「絕交」，在學生時代，不論是小學生、中學生，甚至於大學生，很容易因為某些小事而吵架、吵架而決裂，從此後老死不相往來。甚至有時候，也不是因為吵架，純粹就是「突然」看對方不順眼，就從此分手。

第一種情況比較單純，如果是因為誤會，有一方先主動解釋清楚，另一方如果有心維繫，大概就可以四四六六結束，兩個人重新恢復感情。因為先道歉的人，是因為友誼，而不是因為有錯。如果有人願意先低頭，問題會比較容易解決。但是另一種情況，就比較複雜，因為這是一種沒來由的依賴與拒絕被依賴。在孩提時期，我們欠缺自信，也無法肯定自己（很多大人現在也還做不到），這時候容易依賴特定人或是特定幾個朋友，依賴一個人，俗話叫做「閨密」或「兄弟」，依賴一群人，俗話叫做「死黨」。一般而言，這樣的關係可以持續一陣子。

在青少年緊密的關係中，他們可以取得彼此的歸屬與認同感，因為年齡相似，也容易有共同的話題。然而這樣的關係要持久，並沒有這麼容易，特別是一方走得快，另一方走得慢。所謂的快慢，可以是成長的速度，也可以是依賴的程度。當兩個人之間的關係太過緊密，壓迫感就會如影隨形，對於青少年來說，偶爾會出現一種太過黏稠的感覺，就容易對彼此的關係不耐煩。特別對於被依賴的一方來說，就會想要離開這段關係。然而被離開的一方，在得知自己即將被分離時，會有一種「我在意他，他怎麼可以不在意我」的不對等感受，輕微者只是想復合，嚴重者就會想傷害對方。

所以在這個階段中，對青少年自己而言，可能必須想想，兩個人或一群人的友誼，是不是已經形成依附關係，見不到對方，或是與對方吵架，就會出現患得患失的情況。如果是，自己不妨要學著放下，畢竟沒有人喜歡被長期依賴，這種不健全的關係不會持久。即便是情侶或夫妻，其實保持適當的空間也是必須的，好友沒辦法承載我們這麼多的情緒，早晚會爆發。如果是父母，或許該給孩子適當的歸屬感，當孩子在家庭裡只感受到壓迫與求好心切，而父母卻對於他的狀況欠缺同理心，孩子就容易把情緒放在其他同儕身上，而導致這樣的關係失衡。

國高中生的人際關係是很敏感的，特別是在欠缺自信與過度自信間，往往都是擺盪在極端。在這段尷尬的期間，身為苦主，或許可以把自己散發的情緒困擾移轉給不同人，或是內化在自己身上，不要集中在某個人。而身為父母，當發現自己的孩子出現極端依賴某人時，可能也要告訴孩子，平等的關係，是任何關係維繫的長久之道。

Chapter

3

我的
家庭事件簿

生活再怎麼苦，只要跟自己愛的人聚在一起，

都有更好的可能，不要輕易的放棄。

來自父母親的信：

孩子，我越來越不懂你

我很難忘記從懷孕開始，你帶給我的所有苦痛與喜悅。剛懷孕的時候，我持續的孕吐、子宮也收縮痛到很想死，你慢慢成形以後，我經常在半夜頻尿，你的胎動對我而言是喜悅，但也是痛苦。肚子出現脹氣、腰痠、甚至出現痔瘡、掉頭髮、恥骨痛的症狀，讓我一度很想放棄。然而，對你的愛，讓我願意撐下來，你也健康的出現在這個世界上。

你剛出生的時候，我們用盡一切心力去守護你、教育你，你第一次叫媽媽、第一次會走路、第一次上幼稚園、第一次上小學，對於我們而言，都是難得的驚喜與上天的贈與。我們很開心跟你共聚在一個家庭裡，也希望你可以持續健康、快樂的在這個世界裡成長。對於我們而言，你比一切都要重要。而我永遠忘不了我帶你去幼稚園的時候，你嚎啕大哭的模樣。我以為，你會一直依戀我們，就像是我們愛你一樣。

然而，當你小學畢業以後，一切慢慢變得不一樣。

你開始忙著功課，以及跟朋友的相處。我只要糾正你的行為，你就會不耐煩的要我別多說。就拿使用手機與平板來說好了，我只是希望你早點睡，不要把注意力一直放在手機上，即便我們難得一起吃飯、看電視，你的眼光始終就聚焦在那個小方塊裡。你對於方塊裡、離你很遙遠的人點頭微笑、打字問候，但是對於面前的親人卻視若無睹。我們想要跟你多說兩句話，卻抵不過線上遊戲的誘惑，你跟我要錢，就是為了線上遊戲的點數儲值而已。不給你，你的態度就是冷漠與抗拒。

孩子，我真的不知道現在該怎麼跟你相處。你對我們的不耐煩、厭倦、生氣、冷漠，我們都看在眼裡，但是我們卻不知道這些情緒的根源在哪裡。我想要跟你多親近，就像是小時候一樣，你可以多跟我說些心裡話，或者像是幼稚園一樣抱著我說：「媽媽你不要離開我」。你什麼都不說，我們要怎麼知道你怎麼想？我們不要求你功課、不要求你成就，只希望你健康平安。你可以多看看我們，讓我們還是可以參與你的生活、給你適當的建議，好嗎？

也請你記得，我們永遠愛你。

媽媽留

爸媽離婚了，但我卻一直被情緒勒索

律師叔叔，您好，我是小六的學生約十二歲，我的爸媽離婚了。吵架的時候爸拉傷了我，他一直威脅媽媽要帶我走，一直在我面前罵媽媽三字經，從此以後我就很怕他，他一開始會一直問我在做什麼？或威脅我離開我愛的媽媽，讓我很煩躁，他也會讓我覺得媽媽好像是一個爛人。

離婚後他就從追蹤媽媽，變成追蹤我，他沒有問我好不好，只是問我在做什麼。我也越來越不喜歡他，他問的越來越細，我和他說過我不喜歡，他說沒辦法，他必須要知道，因為現在是共同扶養權。

我壓力真的好大。

我原本開心的一天只要接到他的電話就是惡夢，我不想再被他干擾了。我想請問您我可不可以選擇我要住哪裡？我要不要和他說我的事。如果沒有媽媽，那我可不可以放棄我的生命。謝謝您看完我發生的事情。您可以教我怎麼做嗎？

A 他或許不是個好老公，但可能會是好爸爸

孩子，不知道你有沒有跟媽媽談過這些事情，很多大人也同樣面臨你提到的問題，而且有兩種很極端的情況。第一種情況，就是他很討厭你媽媽，但是他放不下你，所以他的目標轉向關心你。第二種情況，就是他還愛著你媽媽，所以他藉由關心你的方式，保持與媽媽的一點聯繫。

後者是把你當工具，這很清楚。因為他只是希望你可以當他們的橋樑，讓他們之間可以有「修復」的機會而已。你會不斷的被當作籌碼，他看來關心你，但是會藉由你探聽媽媽的一切，包括有沒有交往新男友。或者會要求媽媽帶你一起出來玩，營造還是一家人的假象。如果遇到這種情況，媽媽只要跟他講清楚，大概可以解決一些問題，但大多數的情況，都要等到爸爸有

了新女友，或是媽媽去聲請保護令以後，才會改善。

前者狀況比較不同，他很討厭媽媽，但是他很愛你。而很可惜的地方是，他跟以前一樣，用討人厭的方式愛你媽媽，也用相同方式愛你。他知道媽媽很在意你，所以用勒索的方式希望媽媽受傷，然後在你面前不斷的羞辱她，希望你可以站在他這裡，一起討厭媽媽。但是他不知道，要你選邊站，只會讓你跟他之間越來越遠，他以為他所謂的關心你、愛你，就會讓你決定跟他在一起。

關於你的問題，我只能說你爸爸的心態與方法都錯了。簡單來說，他就是放不下，對於你的愛與他的恨，通通混雜在一起，變成了五味雜陳的大雜燴。可是到目前為止，這不是你能決定或改變的，我只能建議你跟媽媽談這個問題，然後到法院解決。

坦白說，法院不是個解決親情紛爭最好的地方，因為法官很難在三到五次的庭期，總計時間不過一個小時上下，就可以瞭解你爸媽十二年來的恩怨情仇。但是，當一方已經呈現不理性的狀況，或許法院會是個比較可以讓一方回歸初衷的場所。我建議你跟媽媽這麼說：

1. 共同行使親權（俗稱監護權），就是你的所有大小事，都要兩個人共同決定：

有些法官很喜歡這麼做，因為他們不希望排除另一方參與孩子未來的機會，但是因為他們很少遇過「私底下是瘋子、在法院很理性」的另一半，所以都會覺得共同行使親權是好事。

2. 所有事都要父母共同決定，很多時候就是解決不來問題：

這時候，我會建議到法院重新聲請改定親權（監護權），由你媽媽單獨行使，免得一直要遭受被他勒索的陰影。

3. 你可以請媽媽蒐集他口出三字經、貶低你媽媽的言語等等的證據：

這可以用錄音的方式，或是你也可以到法院作證，證明他不適合行使親權（監護權）。

4. 基本上，你已經十二歲了，法官都會聽你的意見：

所以到了法院，你可以勇敢的跟法官說，你想要讓媽媽單獨決定你的事情，不要讓爸爸藉機勒索媽媽。原則上法官會參考你的想法來判決。

5. 法院應該會指派家事調查官、社工或是程序監理人來跟你談：

你照實說出自己的感受就好，不要刻意的去討好誰，不論是爸爸或媽媽都一樣。

6. 關於爸爸關心你：

如果不是批評媽媽、跟蹤你行蹤等等不理性的行為，我希望你可以敞開心胸，給他機會瞭解你的生活，不要一味的排斥。他或許不是個好老公，但有可能會是好爸爸。

7. 現在你就可以拒絕跟他通電話、也可以拒絕跟他出去或過夜：

但是，這不會是太好的方法。如果他還有盡扶養義務（給錢），代表他還愛你。你或許該告訴他，你已經開始討厭他，如果他不改變，以後你會拒絕跟他出門。他如果拿監護權來壓你，你不妨直接告訴他，這可以改，而且你可以建議法官照你的意思作，請他不要自以為是。

8. 請媽媽一定要跟他要扶養費：

如果他不付，以後當他不能維持生活時，依法你可以不用照顧他。扶養孩子是父母的義務，雙方都得要衡量自己的能力照顧孩子。

9. 媽媽跟你都要變得勇敢，如果媽媽不願意去法院更改監護權，那你就只能等到十六歲：

一般而言，在十六歲以後，法院就會完全尊重孩子與父親的會面交往意願，這部分你可以放心。

10. 天下有不是的父母，而且很多：

孩子，不要隨便說「放棄自己的生命」這種話。有事跟我說，我會盡力幫你解決的。

我爸爸可能要坐牢，我好難過……

律師您好，我十三歲，我十二歲之前，是個非常幸福的女孩，我的爸爸媽媽很疼愛我，我們家算是小康家庭，我每天就像一般孩子一樣，開開心心，沒有煩惱。但是，去年的暑假。我爸爸公司倒閉，欠了好多好多的錢，為了我和媽媽的安全，必須和爸爸分開，四處躲、四處藏。

現在，我爸爸持續在打官司，我媽媽帶著我開始了新的生活。但是，我真的好想好想爸爸，每天我要面對新的學校、新的同學，一切都讓我感到好害怕。而令我最擔心的，就是爸爸的安全。他可能要坐牢，可能會在監獄裡被別人害死。我常常作惡夢，不知道要怎麼辦……。

我不會在意我們家窮不窮，在意家大不大，我只是想像別人一樣，跟爸爸媽媽，幸福的在一起……現在只要想到，可能永遠見不到爸爸，就覺得好難過。

A 如果不願意面對自己的人生，這才是一輩子的牢

親愛的孩子，我不知道你希望我回答你什麼問題。但是，我有些話想要跟你說。

有些時候，父母會有一些不得已的苦衷，因為這年頭賺錢真的不容易。不說你，有些父母，他們必須要做點小生意，工作時間大概是從早到晚，他們為了自己與孩子的一口飯，有時候會忽略孩子。他們不是故意的，只是他們必須要先賺錢讓自己與孩子先活下來，所以忽略了跟孩子的相處時間而已。當你看到父母疲累的身影、骯髒的手，請你可以主動分攤一些家事，功課不一定要好，但是不要讓父母擔心日常生活的小事情，如果可以，有時候幫他們搥背，他們就會很開心了。

你的情況比較特殊。如果沒有猜錯，你的爸爸應該涉嫌某些刑事犯罪，或者是，因為生意倒閉，有人「誤會」他有犯罪的情況。無論如何，代表爸爸在以前賺錢的過程中，可能投資太大、遠景太美、計畫太好，所以做了某些不該做的事，或是讓人家覺得他詐欺投資人。其實，這是他自己要去面對的問題，我只希望你爸爸，可以勇敢的面對做生意失敗的結果，或是如何賠償投資人的損失。

如果沒有詐騙，做生意最重要的就是誠信，你可以請媽媽轉告他，只要有誠信，你跟媽媽都可以陪他東山再起，請他不要沮喪。如果有犯法，那就勇敢面對，盡量去賠償受害人，並且接受司法制裁，躲是沒有用的，早點進去，早點出來。事實上，司法制裁並不是最不好的結果，最不好的結果是私法制裁，如果債主真的找不到他，又發現你爸爸故意逃避，很有可能在找到人以後，會對他做出不好的事情。所以，你還是跟媽媽說，不管有沒有違法，錢能解決的事都是小事，不能解決的事，那就更小，因為本來就不能解決了，該關就關，該面對就面對。

至於你，不要擔心你的新生活，還有媽媽會照顧你。不論爸爸做了什麼，犯錯的人是他，不是你。我希望你跟一般的同學一樣，認真的學習功課，還有周遭的一切。同時，我希望你永遠記得現在的生活，也就是心安理得的跟自己愛的人活著，就是最好的幸福。生活再怎麼苦，只要跟自己愛的人聚在一起，都有更好的可能，不要輕易的放棄。至於錢這種事，貪心會摧毀掉一切。

我知道你不在乎家裡大不大、家窮不窮，但是或許你的爸媽在乎，因為大人們經常忘記了最珍貴的寶物，其實是你們之間的感情。所以，我希望你可以提醒媽媽，請她轉告爸爸，如果他犯法又不願意面對，請他去投案。如果他沒犯法，只是欠錢，跟債權人討論出還錢的方法，然後安心的跟你還有媽媽在一起，是你衷心的希望。

孩子，坐牢並不可怕，因為總有坐完的一天。如果不願意面對自己的人生，這才是一輩子的牢。很抱歉要讓你承擔這一切，但是我希望你可以喜歡你的新生活，因為這已經是你新人生的一部分，也不可能回到過去。而且，我相信你的同學、老師，還有爸媽都是很愛你的。
以後，你會幸福的。

爸爸常常發酒瘋，我該怎麼辦？

律師好，自從我國一以後，爸爸就常常很晚才回家，而且每次回家都會發酒瘋。昨天他回家後一直吐，我跟媽媽受不了了，不知道怎麼跟他溝通，可是他一直對我們咆哮。我說不要吵了，他就用很凶的眼神指著我，要我好自為之，然後就出去了。我開始很怕我爸爸，他一直對媽媽言語霸凌，然後也常常三不五時就凶我跟弟弟，請問我該怎麼做？謝謝！

A 請為你自己勇敢，你有權利不受家庭暴力恐懼

這位妹妹，關於家庭，有句格言肯定是因人而異的，這句話就是：「天下無不是的父母」。所以，面對你現在的情況，有幾件事要跟你溝通。

關於爸爸喝醉。其實這是大人某種「有趣」的行為。我說有趣，是因為有些大人喜歡透過喝醉，表示自己很傷心、難過、生氣，或者說，這時候才能釋放自己的被壓抑的情緒。所以，或許你爸最近面臨一些困擾的事情，或許是工作、感情，不知道應該怎麼處理。因為喝醉是最快暫時逃離現實的一種方式，你爸於是就選擇了用喝醉來解決情緒上的問題。

偶爾喝醉當然不是問題，雖然也不能解決問題，可是喝醉以後的反應，如果有問題，就會是嚴重的問題。喝醉以後，有些人會睡著，有些人會大哭

大笑，但有些人會所謂的「借酒裝瘋」。或許他當時真的毫無意識，但所作所為跟平常完全不一樣，例如會罵人、打人，甚至這時候會說出所謂的「真心話」，把不敢言、不敢說的一切，通通在這時候說出來。然而睡醒以後，他會全部忘記，直到下次喝醉為止，他都會是個好人。

面對這樣的人，你會害怕是正常的。因為不只是你，可能媽媽也沒辦法保護你。有些時候，是因為媽媽不知道該怎麼辦；而有些時候，則是媽媽不想要怎麼辦。如果是不知道該怎麼辦，這問題還好，但不想要怎麼辦，這就會很麻煩。畢竟不知道，可以教；不想要，你知道的，裝睡的人叫不醒，她就覺得可以當老公的觀世音，包容先生的一切言語、普渡先生的所有行為，這就很令人無奈。

讓我來告訴你一個名詞：「家庭暴力」。你爸的行為，已經構成家庭暴力，而且對你、弟弟與媽媽的生活，造成很大的困擾。或許你媽是因為經濟大權在爸爸手上，所以不敢反抗，可是暴力是會重複的，而且程度也會不斷的加深，如果你媽一直包容，以為愛可以用來戒酒，包容可以用來領生活費，她就會希望你隱忍不發，而讓你不知道如何是好。

面對父親酗酒，而且不斷的在酒後辱罵你跟媽媽，雖然你還未成年，但是有些事還是可以做到的。

請熟悉手機的錄音功能。下次如果爸爸又再次喝醉，而且大聲辱罵你或者媽媽，請你全程錄音，在白天的時候放給他聽。因為通常喜歡借酒裝瘋的人，往往會伴隨失憶症，如果你把錄音放給他聽，應該會勾起他淺淺的回憶。

當然，他聽了錄音以後，有可能還是矢口否認，甚至會惱羞成怒。這時候不用爭辯，只要露出淡淡的微笑，畢竟你的爸爸，是你在千萬人之中所遇見的人，於千萬年之中，時間的無涯的荒野裡，沒有早一步，也沒有晚一步，剛巧趕上了，那也沒有別的話可說，惟有輕輕地問一聲：「噢，你很有道理嗎？」然後，轉身把手機收好。如果這時候爸爸生氣，那麼就把錄音檔副本刪除，讓他以為你已經沒有任何錄音，再犯幾次以後，你就拿這些證據，到警察局聲請保護令。對你跟媽媽而言，拿到保護令才是最實際的方法。

拿到保護令，有什麼好處呢？

基本款的功能，當然是讓你們不再受到爸爸喝醉酒以後的騷擾，他不能再罵你們，否則會涉嫌違反保護令罪。其次，可以要求爸爸搬離現在的家，他要另外自己找房子，把現在的房子交給你跟媽媽一起住。其三，如果媽媽的經濟狀況不好，還可以要求爸爸付生活費，讓他把錢拿出來照顧你們。

當然，最重要的還是讓他戒酒，這部分法院會要求爸爸去面對處遇計畫，讓他接受輔導，而酒後的行為可以有一些調整，不要再用這樣的方式讓你覺得難過。

如果這些方式，你媽覺得太激烈（其實一點也不），那麼最後的手段，就是請媽媽把你們帶離這個「家」。我用引號的原因，是因為這個家其實已經不是家。不用擔心會有法律上的問題，因為夫妻間雖然有履行同居的義務，但是另一半如果有家暴行為，那就符合有不能同居的正當理由。至少你們可以先遠離這樣的環境，讓自己的情緒好過一些。

而媽媽，倘若已經是爸爸家暴的共犯（是的，視若無睹就是共犯），那麼請撥打 113 家暴專線，這裡會有很多熱情的社工會幫助你，脫離這樣的可怕生活。

請為了你自己勇敢，你有權利不受到任何的家庭暴力恐懼，有問題還是可以繼續問我，我會當你的後盾。

不插手處理爸媽間的事，難道是錯的嗎？

律師叔叔，請問如果爸爸「又」外遇怎麼辦？我這次好平靜，可是我不知道是好是壞？媽媽明明已經跟爸爸離婚了，可是她還是很難過。

媽媽常說「我只剩你了」，我知道是事實，可是還是壓力好大好累。對不起叔叔，聽起來好亂好奇怪，可是我現在不知道要想什麼。我想請問，不插手處理爸爸媽媽間的事情，難道是我的錯嗎？

今天媽媽又生氣大吼大叫，說她每次跟爸爸吵架我都不幫她等等。我跟她說，我很累，從國小到現在我都要忍受他們，不跟任何人講家裡發生的事情等。我還說每次她都情緒勒索我，說如果我不幫她，她就自殺等等。說了好多，最後就忍不住大哭。媽媽又開始大叫說：「什麼他都是為了我」，還想要打我（可是被爸爸攔住），最後我受不了，衝出家門想要去樓下大廳靜靜。現在我回家了，可是媽媽還在生氣。真的是我的錯嗎？

我應該要插手大人的事嗎？對不起，律師叔叔，我真的不是故意要一直找你。可是爸爸媽媽都跟他們的家人吵架也都不聯絡，我不知道還有哪個大人可以講話。

A 如果真的離婚，就應該各自尋求美好人生

親愛的孩子，這一切都不是你的錯。讓我們先駁斥一個觀念：「為了孩子，我們要維繫這個家」，基本上，相信這種話，等同於「拔下獅子的鬃毛，就可以治療禿頭」一樣的傻。

你家的問題就是在這裡。

你爸外遇，你媽受不了他的行為，所以跟他離婚。離婚以後，他們為了維繫表面上的家庭，所以你們還是住在同一個屋簷下（已經不能稱之為一個家了），你爸直接跟外遇對象交往，你媽拿你當武器與盾牌，攻擊你爸。

這短短的一段文字，卻描述出你們家的荒謬。

你爸外遇，你媽當然可以跟他離婚，但是離婚以後，就不可以繼續住在

一起，不管為了任何理由都一樣。為了你？這實在是太好笑了，為了你，你爸就不該外遇，你媽就不該同意離婚，他們應該要相親相愛，不是嗎？或者是，如果真的外遇，如果真的要離婚，就應該各自尋求美好人生，不要再糾纏下去，除非跟你有關的事情，否則兩個人就應該好好過生活，不是嗎？

結果卻是他們繼續住在一起，你爸繼續「外遇」，喔，對不起，其實他沒有外遇，是你媽想多了。因為他已經離婚，只是你媽還以配偶自居，一天到晚在難過而已。但是，她在難過什麼？這個男人已經不是她老公，人家愛怎樣就怎樣，離了婚以後，還繼續跟先生住在一起的心態是什麼？我很難理解。

以為這是改變最小的方式？才不是呢。離婚，就是兩個人的夫妻關係消滅，住在一起，還以配偶的方式對待老公，那是要折磨誰？以為這是對孩子最好的方式？第三者都已經變成正宮，哪天帶回家裡來吃飯，你媽也沒有權利吭一聲，但是她會把氣出在你身上，這是對誰最好？況且，離婚兩年後，你媽也不能再請求分配婚姻關係中的財產，你媽住在你爸名義下的家，他用住在一起來麻醉你媽，兩年後再把你媽掃地出門，她會比較好受？

孩子，心疼你已經學會「情緒勒索」四個字，是的，你媽在對你情緒勒索，因為她無法勒索你爸。勒索這種事情是這樣，你如果順從綁匪，那麼就會一次又一次的發生，你不願意斷、捨、離，最後就是你的人生一起陪葬而已。不過，你還是高中生而已，所以我還是給你一些具體的處理方式好了。

1. **請跟你爸說，你想跟他們其中一個人住，不想三個人住在一起：**

如果他不願意，請直接說，你想住校，或是搬到外面住。如果這兩個選項都被拒絕，直接請社會局介入，我可以幫你聯繫。

2. **還沒有分居之前：**

不用跟他們回嘴，記得買耳塞就好。

3. **如果你媽一再勒索你：**

你就在心裡唱歌，「盡量」不要受她的影響，不然就是回房間看書，周杰倫的那首歌《聽媽媽的話》不錯。

4. **在高中要交往幾個好朋友：**

有心事可以跟他們說，必要的時候，可以到他們家避難，但是要告訴爸爸你人在哪。

5. **你媽講的話，你一點都不用在意：**

離婚是她選的、住在一起是她選的、眼睜睜看著老公外遇也是她選的，你不需要為別人的行為負責任。

6. **你千萬不要為了「我只剩下你了」這句話，而加深自己的罪惡感：**

一個人如果只剩下另一個人，不管她是說說而已，還是認真的，你都只需要同情他，但是不需要同意他。

7. **爸媽吵架，你不用幫誰，那是他們的事情：**

他們把你生出來，可沒問過你，現在吵架幹嘛問你，對不對？

8. **好好念書，參加社團、交幾個好朋友、有男友女友更好：**

照顧好你自己的人生，不要跟他們這種幼稚的大人見識。

9. **請你記得他們現在的樣子，等他們老了以後取笑他們：**

成年以後，不要成為你現在討厭的大人樣。

10. **有問題還是可以問我，我會盡力支持你的，即使你叫我叔叔。**

母親節一定要買禮物嗎？真的讓人好困擾！

我是一個高中生，最近母親節快到，我知道這是一個應該對母親表達感謝的時刻，但是我幾年前跟我媽媽有一次大吵架，原因是因為我沒有送她母親節禮物，可是我都有送自己做的卡片。

之後，我很常在我們家客廳桌上發現我做給她的卡片，還有我做給她的圍裙，她隨隨便便就借給別人，然後不見了。

其實我超受傷的，我覺得她根本就不在意我的心意，然後每次的母親節她都一直跟我要禮物、禮物、禮物，嘴裡一直叨念著我之前也只送她一副耳環。

雖然我親手做的東西一定不比外面，可是她讓我很受傷，感覺她只想要我花錢買禮物，所以之後幾年我連卡片都不想寫了。

今天她又跑來跟我吵架，還一直說什麼：「你現在全身上下都是我買給你的，你覺得我還會缺你的禮物嗎？」然後又說了：「你也只送過我一副耳環而已！」然後就說我好像一副她跟我要禮物、她很不要臉的感覺。

可是她給我的感覺，真的是只想要花錢買東西送她，我自己是覺得母親節應該是兒女自己準備禮物表達感謝，而不是讓他們一直來跟我要東西吧！

A 花錢的最便宜，不要錢的其實最貴！

孩子，我充分能理解你的哀傷。

我小時候，也有送過媽媽很多母親節禮物。原則上，小學會教做康乃馨、自己做卡片，母親節前的上課日，也就是星期五，我會把紙做的康乃馨帶回家給媽媽。

基於我沒有藝術天分，所以那朵花真的很醜，但是我會真心誠意的把禮物送給媽媽，然後心滿意足的告訴她，母親節快樂。

她當時是什麼反應，我已經忘記了。但是，我記得一個小學四年級的母親節。那一年，我把不知道哪裡存下來的零用錢，湊了六十元，買了一個屋頂型的巧克力，然後就在母親節前一天晚上，送給媽媽。

我以為她會很開心，是的，她笑著說：「你還不是拿我給你的錢去買禮物，果然不是我生的孩子。」我當時覺得晴天霹靂，當下似乎聽到楊麗花歌仔戲當中，佘太君聽到夫君戰死時的七字調，我把禮物丟在地上，然後跑到樓梯間大哭。

我心裡一直在想的是：「我親生的媽媽在哪裡？我好苦命，怎麼會在母親節前聽到這個消息，我要我的媽媽。」然後想起這個養母果然平常對自己不太好，自己竟然認賊做母，頓時悲從中來，不可抑止。

忘掉我那個無情的媽媽，我們來談你的問題。

你媽，只是沒有安全感而已，她想要透過物質來證明你對她的愛。她以一種幼稚的方式，讓你覺得你做得不夠多。

我知道你心裡的ＯＳ是這樣：「親手做的，你不珍惜，用錢買的，你說老娘拿你的錢買，你真的是個難伺候的太后！」所以，我幫你寫了十點點給你媽，希望她可以幡然醒悟，不要像我媽一樣，讓我記恨到現在。

1. 手工的禮物最珍貴。親筆寫的信，比 e-mail 還珍貴，親手做的卡片，比書店買的好上千倍；親自烤的餅乾，比任何名廚做的都好吃。

2. 當收到別人親手做的卡片，一定要感謝自己做人成功。而不是隨手亂丟。同理可證，別人親手做的禮物，絕對不能轉送。除了陳奕迅，你有聽過《愛情轉移》嗎？

3. 當不會賺錢的孩子送你一份買來的禮物，你要知道，這是他咬牙買的，再怎麼不喜歡，都要含著眼淚帶著微笑，收下這份心意。這不是禮物，這是心意。

4. 養兒是應該，不要拿來說嘴。那天晚上不戴保險套，不是你兒女的錯。

5. 成年以後，不論是生日，或是母親節，送你的禮物有時候不見得是真心。只是商人不斷提醒他，那天不孝順，其他天的孝順都不算數，如此而已。

6. 不要跟兒女要東西，他們不給，有時候是真的不方便給，而不是沒有心給。但如果是不想給，那也就別要了。我們得反省自己，到底做了什麼，或者沒做什麼。

7. 所有的事情與禮物都一樣，花錢的最便宜，不要錢的最貴。

8. 不要跟孩子吵架，他不一定知道你在意的點是什麼，而且你在很多時候，其實話也沒有說清楚。孩子不會心電感應，請不要折磨他。

9. 你的隨口一句話，他的創傷一輩子。即使我現在相信，我是我媽親生的兒子，但是你看，我還記得這個往事。

10. 女兒很貼心，每個人都可以有一個。兒子，嗯，其實也很好啦！

交男朋友該不該告訴父母？

我是一個高二生。這個問題身邊周圍的人都有，對我來說更是極大的困擾。「交男朋友該不該告訴父母？」

家中比較嚴，媽都不准我交，但自己還是會偷偷來，被發現的時候都已經分手了。所以覺得沒關係。現在的我的確又讓我遇到很棒的男生，也在一起有一段時間，對方家長知道，就我的家長不知道。我一直猶豫是否要跟我媽說，因為昨晚她把我叫到房間，說有個補習班老師說，我有交男朋友，而我也馬上說沒有，我媽就說：「你交了應該會跟我說吧？」我說：「會啊（但其實心裡是百般的不安）」媽說：「自己承認跟被我發現，你知道那個嚴重性齁！」我：「自己承認是慘，被妳發現是更慘啊！」

我跟我媽的關係上了高中就變得很不好，因為慢慢的不會什麼事都跟她說，在家中時間少。我媽有個很大的壞習慣，我真的很討厭！就是我在看手機她都直接拿走，拿去看我的聊天內容，東問西問，有時候還會要求我把手機解開她要看，在家中是沒有什麼隱私權，都要被看光光，這問題困擾我很久了，我只能默默的照做，還說我交了朋友就變得很奇怪，也變得不信任我，只要有什麼事總是先否定我！我現在交男朋友，功課也顧得不錯，不會像以前這麼不成熟，動不動就哭，影響自己的課業，我很高興我現在做得到，但是不知道媽會不會認同我。我覺得跟我媽說我有男朋友，一定會罵我甚至還會叫我分手、不讓我出門。

所以我完全不知道該不該或用什麼方式告訴她。麻煩您幫我解決。

A 你，正在獨立的路上，請找出親子間平穩的相處模式

孩子，我是很想跟你說：「你媽電話給我，我直接跟他講」，但是這種衝動可能只會讓你的處境更糟糕。既然改變別人不如改變自己，我們就來談談，「高中生談戀愛」這個困境。

你們的問題在於不信任，不在於交男友。

你要對自己有信心，這個時候交男友，並沒有不對。想當年我第一次請女生去餐廳吃飯，也就是國二的年紀，所以你也不用想太多。重點是，未滿十六歲，你絕對不能跟對方有性行為，因為根據法律規定，這是犯法的。如果因為這樣而讓他被你媽提告，我想你心裡應該也會過意不去。你就好好享受喜歡一個人的感覺，認真的去認識他，然後開心的一起牽手看電影，討論

《大佛普拉斯》與《血觀音》的劇情，這樣也是一種幸福。雖然以後你們可能會分手，但不枉年少輕狂愛一場。

至於手機，我只能說，因為你還未滿二十歲，依法媽媽確實有保護、教養你的責任。你可以跟媽媽主張隱私權，但是媽媽如果不願意妥協，那麼也只能換你妥協，畢竟現實是殘酷的，你要跟她對抗，得要有本錢。你的本錢是什麼？講難聽點的，你沒能力養活自己，而且你的電話費與手機都還是她付的，她不尊重你的隱私，是她的問題，不是你的，但如果你要跟她對決，難道你要告他強制罪、妨害祕密罪，順便請求精神慰撫金，以及聲請保護令？這不是不行，而是你可能得要面對媽媽每天以淚洗臉，然後咒罵你不孝、斷絕你的經濟來源之類的，這不是好方法。

那麼，什麼是好方法？

第一個方法，就是在回家以前，把所有的訊息清空與刪除，設立兩個不同的臉書或IG，一個官方版，專門給她看，另一個私人版，專門跟朋友交流。讓她以後覺得：「我女兒很乖，如果變壞，都是別人帶壞的。」這樣你就成功了。至於男友電話，你就在通訊錄上寫「導師」，這樣她就不會起疑，忘了刪除的時候，也可以有救急的可能。身為一個學生，「導師」打電話給你，也是很正常的，而且男友確實某種程度上也是你的人生導師（你當然也是他的導師），不是嗎？至於出門約會，大概就是用「社團活動」替代，或者是找幾個好姊妹掩護你，大概可以順利度過高中三年。等到大學以後，選個離家遠一點的學校，過兩年以後，你媽的想法就會從「你不要交男友」變成「你怎麼還沒交男友」。

這樣好嗎？我不知道，但是我可以肯定，這不是建立信任的好方法，因為欺騙，即使是善意的，也不能建立信任。而且當所謂「善意的謊言」被拆穿，可能會引起更大的風暴。

第二個方法，就是以拖待變，不要欺騙。我的建議是，有一種承認，叫做笑而不答，當你媽問你這些問題，就像是世尊在靈山上說法，拈花示眾，什麼都沒說，所有僧眾都露出問號表情，只有迦葉微笑不語。在這宗佛學公案裡，有兩個字，也就是「默」與「靜」。默，表示妙心不可思議，是無法言說表達。靜，表示妙心真空清淨不動。既然妙心無法言說表達，佛陀就如此說法，「無說而說」，迦葉笑著配合演出，也就是「無聽而聽」。

其實，媽媽或許多少知道你「可能」有男友，你也「大概」知道媽媽正在關心你這件事。你能做的，就是在可能與大概中，尋找模糊的空間，盡量不要正面衝突，安全的度過這一段尷尬的時期。

孩子，你們母女之間的信任，必須要用時間來處理。而信任，是最微妙的一種關係，在「不說」與「不問」的互動中，你會慢慢知道，母親是愛你的，而你，正在獨立的路上，脫離她的保護，也正在找出兩者間平穩的相處模式。

難道在爸媽眼中，我只是成績單上的數字嗎？

麗絲姐姐您好，我是一個高二學生。最近因為成績的事，常常跟爸媽鬧得不開心。從小到大爸媽常常跟我說我很有才華，然後再拿那來壓我，絕對不能成績不好。但從國中之後我的成績就開始下滑。爸媽很生氣，很常罵我。這種情況已經四年了，他們也越罵越難聽。最近一次爸爸對我罵了一大堆三字經之後，丟出了一句：「你不是有憂鬱症說想要去跳樓嗎？那你去跳好了，反正成績這樣丟死人了，你還是死了比較好。」聽到這句話的時候我真的有那一秒很想死。難道在他們的眼中，我就只是成績單上的那個數字而已嗎？我覺得我已經沒有辦法，每天這樣聽他們這樣講我。我是不是真的死一死比較好啊？

A

生氣，其實很多時候是手段不是目的

孩子你好，我是大嬸，不是姐姐，偶爾客串媽媽，解決你的疑惑。

先告訴你一個祕密，根據我觀察多年的社會經驗，學校成績好的人，往往都是回來學校當老師；學校成績差的人，往往都是回來學校捐錢。如果問我，我會比較喜歡捐錢，不喜歡當老師，因為捐錢的往往是老大。

所以，成績當然不是一切，只是你爸媽跟我老爸一樣，喜歡看漂亮的數字，也就是說，他喜歡把你當作炫耀的工具，而不是看到你很快樂。或者說，他其實不在乎你快不快樂，但是他在乎你有沒有成就，而他認為，成績就是成就，忘記我剛剛所說的，成績不好的人，其實很有機會回學校捐錢。

你的父親，很明顯的情緒控管不佳。你知道嗎？有些大人會把孩子當作出氣的工具。或許他們只是望子成龍，希望下一代比這一代好，但是卻忘記所謂的「好」，其實是「快樂」，而不是成績好。他們認為自己在社會上不夠有成就，都是因為小時候欠栽培，現在給你這麼好的資源，為什麼孩子你不能比我強？另一種情況，則是純粹把他在公司裡所受的氣，發洩在你身上，他不願意去瞭解你的興趣、性向，只是找個理由宣洩他自己的情緒，如此而已。當然，我不排除有一種家長，他真的為你好，只是他不知道用什麼方式能讓你好，所以認為成績就是一切，而且用他的方式懲罰你，如此而已。

可是孩子，你千萬不要誤會。生氣，其實很多時候是手段，不是目的。他的老闆對他生氣，並沒有解決問題，只是讓他把情緒移轉到你身上而已。而你，當你接收到他的負面情緒時，你要不要把情緒移轉到別人身上呢？你這麼善良，一定不願意這麼做，對不對？那麼，你該不該去結束自己的生命呢？當然更不用。因為：

「你死了，不會改變任何事。但是你活著，卻可以繼續看看這個世界會走到哪裡去。」

撐著點，事情會有轉機的，因為你會長大，親自享受身為人的特權，感受痛苦、體會快樂、克服困難、享受樂趣，縱然人生不如意事十常八九，你也可以從某些小快樂當中，得到些許做人的樂趣。但是，死了，就什麼也沒有了。你沒辦法再體會我所說的一切，或許就只剩下一縷芳魂，飄飄盪盪、無所依歸，偶爾出來嚇人，如此而已。

孩子，這世界一點也不公平，即便起跑點都是一樣的，也會有人坐跑車，但有人只能用跑的。但是，如果你可以度過這一段慘澹的歲月，而且用跑的，跑出自己的一條路，創造不同的驚奇，讓自己驚訝，然後說出：「天啊，我怎麼有辦法做到啊！」這句話，不是很有意思嗎？

我沒有要你每件事都很正面，因為這個世界實在讓人正面不起來。但是，你真的可以一點點的改變這個世界，即使一點點，也是很了不起的一件事。畢竟在這麼負面的世界裡，你竟然還能撐過來，這不就是一件難能可貴的事情嗎？

孩子，你不是數字，而且，不要太執著於分數，而是執著於你的夢想，然後以後記得回母校捐錢，好嗎？

我住奶奶家，卻長期被叔叔和奶奶言語罷凌，我該怎麼辦？

律師，你好，抱歉打擾你，想跟你討論我目前的困境，我是高一的學生。

爸媽在我幼稚園的時候就離婚了，他們自己約定把監護權給爸爸，也沒有經過我同意。他們離婚以後，我就在奶奶家住。因為他們很討厭我媽，所以小學以來，就被他們全家人欺負。奶奶很重男輕女，就覺得我是賠錢貨，經常用很難聽的字眼罵我。叔叔比較誇張，他很喜歡喝酒，喝完酒後，只要稍有不如他的意，除了罵我是寄生蟲、不要臉等等很多的辱罵言語外，還會喊著要把我趕出家門。我會想媽媽，但是媽媽把監護權給爸爸後，再也沒關心過我，也沒來看過我。她還曾經問過我，有沒有錢可以給她，或者要我跟爸爸拿錢給她。

爸爸，都在外面工作，很少回家。其實我不知道他有沒有拿錢給奶奶，但是我知道他欠銀行很多錢，而且沒辦法還。爺爺也心肌梗塞要開刀，我現在只是高中生，雖然自己打工，賺學費與生活費，但有時候真的快活不下去了，我到底該怎麼辦？我該修復我跟家人的關係嗎？

我需要一點眼淚，才不會覺得好累。

A 即便你的家人不是家人，許多陌生人都會願意當你的家人

孩子，辛苦你了，請你先記得這句話：What doesn't kill you, makes you stronger. 這些經歷逼不死你，你就會更強壯。而你，怎麼可以被這些遭遇擊倒呢？至少你還知道求助，這是一件很棒的事情。

我們先來討論一個法律上的概念，你的父母對你，究竟有沒有扶養的義務？答案當然是有的。法律沒辦法讓「不是的父母」變成「是」，但是可以要求他們承擔義務。我會建議你，先跟爸爸溝通，看他願不願意向媽媽請求扶養費。如果他是單獨行使親權，也可以向社會局申請相關補助，應該可以解決部分問題。不過，如果爸爸不願意請求，或是他們的離婚協議書上已經載明，爸爸要單獨負擔扶養費，甚至是媽媽根本就沒錢，這時候你可能要認

真考慮，是不是要討論如何把你救出這個「家」，你可以請社會局介入，目前看來你的狀況已經接近高風險家庭，讓社工跟你的父親好好談談，討論如何讓國家資源介入，幫助你找到家扶中心等等的機構協助你繼續就學。

你放心，即便你的家人不是家人，許多陌生人都會願意當你的家人，不會放棄你的。

再來，我們來談談你現實的狀況。你的「家人」沒能給你愛，但是請你不要太過介意，就如同我之前說過的話，沒有愛，本來就不是家，你不需要勉強你自己去愛他們，當然更不要在意他們是不是愛你。我向來強調「同等的愛」，如果他們給你的就是這些，我相信你以後應該知道怎麼做，你成年以後，可以選擇原諒，也可以選擇記恨，你更可以選擇冷漠，重新建立自己的家，不要重蹈他們的覆轍就好。可是我希望你記得，你還未成年，他們的問題，不是你的責任。例如爺爺生病，你只能關心與照顧（如果你想的話），但是你不用替他們想辦法，你現在應該先保護自己，而不是還在替別人想。

就像是打工。高中生打工不見得是壞事，即便這時候的你，本來應該要參加社團、學習課業、交男友女友、參與各種活動等等，但是人生是這樣，有的時候我們不是輸在努力不夠，而是輸在結構不公平。有人的起跑點就是終點，但我們卻要從二十圈以外開始跑，甚至他們是搭跑車，我們只能一跛一跛的向前走。我只想跟你說，你的所有經歷，將來都會成為你生命中的養分。你要懂得求助，不要這麼倔強，下課以後，你可以到縣市政府的社會局求助，把你的情況跟社工說，他們會幫你找到適當的資源協助。打工可以去，但是要注意安全，如果你希望繼續升學，我會建議你跟社工多討論，想想如何以課業為優先。如果你決定高中畢業以後去就業，那麼盡量找跟你未來想選擇的行業有關係的工作，會增加你許多的經驗值。

最後，你可以參考東野圭吾在《解憂雜貨店》裡的一段話：「人與人之間的關係往往不是因為某些具體的原因而斷絕。不，即使表面上有某種原因，其實是因為彼此的心已經不在一起，事後才牽強附會地找這些藉口。因為，如果彼此的心沒有分開，當發生可能會導致彼此關係斷絕的事態時，某一方就會主動修復。之所以沒有人注重修復，就是因為彼此的心已經不在一起了。就好像眼看著船要沉了，仍然在一旁袖手旁觀。」

你需要眼淚，也真的很累，但是請你別忘了，即便你的「家人」袖手旁觀，我們這些路人都在。

呂律師聊天室

離婚與孩子

好的，你們即將離婚了，或者說，你們已經離婚了。關於離婚這件事，恭喜你們，畢竟對於孩子而言，幸福的單親，勝過於吵鬧的雙親。不過，關於要孩子選邊站這件事，我還是有些話要提醒你們。

從你們想要離婚開始，孩子就已經知道你們之間存在不可跨越的鴻溝，即便孩子只有三、四歲，也會知道父母相處不來。那麼，就父母不合的狀況，你希望他怎麼做？站你這邊？媽媽外遇、爸爸家暴，總之另一半對自己不好，對於孩子來說，是有目共睹的，難道孩子自己不會看，難道孩子會選錯邊？

基本上，就一般正常的父母而言，選邊站就是有問題的命題。所謂正常，是指夫妻互相毀滅攻擊，但是戰火不波及孩子。那麼不正常呢？亂倫、家暴孩子的情況，我們先不討論，在不正常的狀況下，要孩子親近父母，原本就強人所難。但是正常呢？難道媽媽對爸爸家暴、爸爸外遇背叛媽媽，這沒有對錯可言嗎？當然有。但是這些對錯，只停留在兩造，而不能到第三方。第三方，就是孩子。用一句話來說，就是「他或許不是個好老公，但不見得不是個好父親。」

那又如何？難道孩子不應該對於爸爸不忠、媽媽家暴的情況表態嗎？

就孩子而言，不論幾歲，都有「雙重忠誠」的問題。當我們對孩子訴苦，孩子很容易為了安撫我們，而做出某些承諾，或是攻擊對方，以換取我們的安心。就像是「你以後想跟爸爸住還是媽媽住？」孩子最安全的作法，就是見人說人話，在爸爸這裡說在爸爸家住，遇到媽媽則是說在媽媽家住，總之孩子從小就得學會兩邊不得罪、兩邊都得安慰。

在實務上，透過孩子的說詞，以指責對方「照顧不週」或「孩子不想跟你住」的論述特別多。兩方都會設法對孩子錄音錄影，證明孩子想要跟自己，也討厭跟對方。但是就孩子而言，他們得要被迫長大，來安慰你們這兩個大人。他必須得要說謊，才能讓大人的心安定，甚至得要編出謊言，指責對方不好，讓前伴侶的形象妖魔化，符合大人們的想像。所以，當孩子說出某些話時，其實大人第一時間不是拿來做武器攻擊對方，而是應該擔心，這孩子怎麼了，他有多少話是真，多少話是為了安慰自己？

「媽媽除了你，什麼都沒有了。」請想想，當我們自己的媽媽說出這句話，我們會怎麼回應？如果我們知道，這些自以為貼心的回應，會被媽媽拿去攻擊爸爸，我們又是情何以堪？我們如果不想要被利用、不想要被情緒勒索，我們又怎麼能要求孩子到庭作證，甚至是把孩子安慰我們的話記錄下來，在法院裡做為武器，攻擊對方，想要藉此取得監護權？

我們都是成年人了，請別讓孩子來照顧我們的情緒，但卻不自知，以為這些都是為他們好。

Chapter 4

我的
未來只是夢？

夢想會慢慢出現，
因為你心中的渴望會告訴你，你的模樣會是什麼。
你的夢想，就是你的模樣。

來自父母親的信：

我為什麼要你認真念書

孩子，我知道你一直以為，我是一個只在乎你成績，不在乎你感受的媽媽。關於這一點，我並沒有要辯駁什麼，畢竟我曾經對於你的名次退後感到憂心，也對於你可否考上一間好的高中而煩惱，所以我想大方的承認前半段，也就是我確實在乎你的成績。但是，關於後半段，我必須要說，我很在乎你的感受。

為什麼我在乎你的成績，因為我想要讓你，在未來這個殘酷的世界裡存活下來。雖然他們的方式不同，但是用心一定都是好的。我想，大多數的父母，之所以逼迫孩子念書，都是一樣的心態。我們都希望你們，能夠多接觸這個世界，並且學習更多的事物，取得好的學歷，然後在未來得以好好的安身立命。成績或許不能代表一切，但卻是所有人在觀察你的第一印象。

所以，當你質疑我，為什麼要逼迫你念書，我當下只能說，好好讀書，未來才有前途。但是很明顯的，你並不贊同我的話，然後引了比爾蓋茲、郭台銘等人，沒有學歷但是很有成就的例子云云來反駁我，我一時語塞，不知道怎麼跟你說，但是我想了一個晚上，還是決定要告訴你，關於成績，我真正的想法。

事實上，我並沒有一定要你念書，也沒有一定要你進入好學校、拿到高學歷。我只是以為，如果這個社會還是只看學歷，我就應該鼓勵你走一條平穩的道路，也就是這個以成績、學歷為標準的社會，所仰賴的路徑。我知道「萬般皆下品，唯有讀書高」這樣的論調是錯的，但是我無力改變這樣的社會氛圍，所以我只能要求你重視成績，希望你可以理解現實與理想的差距。你別認為是因為我把你當作炫耀的工具，想要在親友面前耀武揚威。我要你有好成績，是為了你自己，而不是為了我的面子。如果你認為這些都是為我自己逼迫你念書的開脫之詞，那麼我可以承諾你，不要把念書當作重心，只要學你想學的知識就好。

我的意思是，如果你真的知道自己喜歡什麼、對什麼樣的未來有興趣，我會全力支持你。事實上，念書不會是一條不用吃苦的路，如果你真的對於念書沒興趣，或許光是理解這些書本上無聊的東西，就會把你逼死。但是，前提要件是，你已經知道自己想做什麼，或者是你正在摸索自己想要什麼。你想要念高職、技術學院，甚至於國中畢業以後就想去學技術，我都不會有意見，但是你要有一技之長，否則我寧願你選一條這個社會暫時認同的道路，你可以理解我的想法嗎？

面對未來，你可以跟我討論，但是我不希望你認為我是一個食古不化的媽媽，而不願意跟我分享你的心情與想法。只要你有任何對於人生中迷惘、困惑的事情，我都希望你可以跟我討論，雖然媽媽不聰明，但是會盡力跟你一起努力，這樣好嗎？

永遠支持妳的媽媽

我覺得人生沒有意義，我該怎麼做？

我是個小學生五年級生，我經常覺得人生沒有意義，然後我常常覺得我不小心惹到別人，所以我有想過自殺。我跟老師討論過這件事，老師說死不能解決問題。我說我覺得人生沒有意義，爸爸說人生的意義不是我這個年紀在想的問題，盡到自己的本分才是我現在應該想的事。那我該怎麼做？可以提供我意見嗎？謝謝！我的手在發抖……。

A 活得比嘲笑你的人更好，這是最好的報復！

孩子，手不用發抖，回答你的訊息，我覺得很榮幸。因為，我是你信任的人。

人生，有沒有意義呢？當然有。只不過你詢問的兩個大人，都沒有認真的回答你問題。我覺得許多大人很奇怪，不是嗎？他們要你認真回答他們出的考題，但是對於你的答案以及反問，卻視而不見，你的問題，明明就很有意義。

不過，在回答你的問題之前，請你先想像一個場景。如果老師指派你要參加馬拉松接力，在準備起跑的時候，你突然不想跑了，那你該怎麼辦？直接退出，說你不想比了，然後讓老師與同學不知道該怎麼辦？還是無論如何，平復自己的情緒，認真的把這段路程跑完？接著把下一棒交出去？

你當然可以選擇不比，甚至可以跑到一半，就停下來休息。因為你會說：「我好累，我撐不下去了。」或者你會說：「這又不是我要跑的，是老師指定我來的。」對，這些答案都對。但是，這不一定是好的選擇。因為，不管你願不願意，你都已經在路上，你唯一能做的事情，就是認真的跑完。

不比，會比較輕鬆。不過是你自己輕鬆，別人可是很累。因為安排你在第四棒，這已經是事實，你臨時退出，要誰來幫你收拾爛攤子？而且，你都還沒比賽，怎麼知道自己會不會、能不能跑出自己最好的成績？在跑步的時候，你會喘、你會累、你會流汗、甚至會跌倒，旁邊的人，有的會為你鼓掌，但是也有很多人只是在等著看你爬不起來。但是，你也有可能就這麼盡力的跑完了，不管成績好不好，你就是完成了這次的比賽。

坦白說，我也不知道我到底來這個世界幹嘛？我總不能說是因為四十三年前，我爸媽忘了安全措施，所以不小心把我生下來，接著又不經意的把我養大。直到現在為止，我都只是選擇做我喜歡的事情，然後盡量不去在意別人的看法，如此而已。而我透過這場馬拉松，不斷調整自己的步伐，堅定的以為，終點「可能」快到了。

事實上，我以為跑了很久，但才是第一圈而已，離北風北還有很久、很久。

你懂我的意思嗎？反正你沒得選，都來到這裡了，乾脆就享受這一切的快樂與痛苦。以後，回火星的時候，才有一些經歷跟火星人吹噓，說自己曾經如何的在地球跟一群笨蛋跑過馬拉松，最後跑完了全程，說不定還拿到了金牌，這樣不是很有趣嗎？

人生的意義是什麼？每個人想的都不會一樣。但是，不論你願不願意，跑完全程是必須的。因為當你片面的決定棄權，比賽就結束了，而且你也無從證明，即使跑步的時候氣喘如牛，其實後面的風景如花似玉。人生的意義，就是當你絕望、失望、不知道為何而戰的時候，也仍然堅持把路程走完。說不定，跑著跑著，你就發現自己其實喜歡路上很多特別的事物。跑得很累的時候，你可以轉個彎到學校外面的飲料店，喝個手搖杯，休息一陣子以後，繼續往前走。

死，能不能解決問題？可以。當然可以解決你的問題。但是，會留給其他人很多的問題，這應該不是你願意發生的。而人生的意義，現在對你而言，就是上課學習、下課玩耍、摸索自己的興趣，鍛鍊自己的身體，如此而已。等到十年後，你的人生意義，或許就是跟一個自己愛的人，手牽手一起去郊遊。不同階段的人生意義都不會一樣，你就別為難別人給你答案了。

最後，江湖上走跳，惹到別人是正常的，我每天也都惹到很多人，還不是生龍活虎。你要記得，活得比嘲笑你的人要更好，這是對於他們最好的報復。

手不要抖了，我跟你的父親與老師一樣，都會耐心的等你想清楚，再繼續往前走，好嗎？

我不想人生只剩下讀書，我有韓國明星夢！

你好，我是一名剛升上國二的女學生。我對讀書沒有興趣，以後想去韓國當明星。

但是，媽媽卻不斷的逼我讀書。因為這次的成績不太理想，媽媽就決定把我補五年的補習班換掉，我是一個很難適應新老師的人，光是習慣環境我就要花很久的時間，何況是老師呢？

在小四時，媽媽就不斷的把我送去不同的補習班，每個補習班的教學方法都不同，我記得，有一間補習班的風評特別差，媽媽還是把我送去了，在裡面只要功課沒寫完，數學學不會，成績考不好，都會被打，這讓我留下了非常大的陰影。對我來說補習班是地獄的存在。

我真的很好奇，成績真的那麼重要嗎？

我媽媽沒有問過我以後想要做什麼，只會跟我說，你現在這個年紀成績是最重要的，我真的快要受不了了，也有了想死的想法了。難道我的人生只剩下讀書嗎？我真的很想實現我的夢想，可是現在好像不太可能了。

A 父母沒有義務完成你的夢想，夢想，得要靠自己完成

女孩兒，成績到哪裡都很重要，只是我跟你媽媽所講的成績不太一樣。她說的是學科分數，我說的是你的夢想表現。

你如果要想到韓國發展藝人事業，你必須得要進入經紀公司，最主要的管道是透過選秀，JYP、SM 與 CUBE 公司，大部分都是以公開甄選的方式來挑選練習生。你或許也可以透過星探或是人脈，不過這個機會大概不高，畢竟你的熟人要認識公司高層，或是星探剛好在明洞逛街的時候看到你，覺得你非常有潛力，所以破格採用，你覺得有可能嗎？

選秀，當然要看表現。即便，你被選入練習生，還是得要看成績。練習生的表現，韓國經紀公司有一套非常嚴格的培訓制度，訓練內容隨時要抽

考，老闆有時會還會親自來看表現，這些壓力比起你在補習班來說，應該是天與地的差別。此外，你必須要學習韓語，最好可以流利溝通。你也必須與其他練習生成員保持好關係，融入練習生群體是最好的，否則會漏掉很多情報，群體裡的勾心鬥角，會讓你覺得去韓國之前，應該多看點《甄嬛傳》，不，是《女人天下》。練習生期間，可能沒有薪水，你必須盡百分之二百的力氣，學習公司安排的課程。你得要保持身材與體力，不能隨意飲食。練習生的生涯，少則幾個月，多則七、八年，平均是三年，或許有機會與經紀公司簽訂長約，意思是你會被綁住，不能自由的想去哪裡表演就去。你要出頭，就是要看表現的成績，成績不好，隨時都會被推下地獄。

孩子，這個社會是很殘酷的，你真的想要到韓國去當藝人？

你不喜歡念書沒關係，事實上，我也不覺得成績很重要。以前我們的年代，重視歷史、地理、生物、理化、數學、國文等學科，用這些科目的考試分數，來評量一個人的未來，決定他可不可以進入好學校，以後能不能找到好工作。但是你們現在的年代，好學校不一定能找到好工作，有好工作不一定能賺大錢，賺大錢更不等於有成就。你得要找出自己真正喜歡的領域，媽媽要求你的成績，是因為她認為只有讀教科書才有用。如果你要證明她的話是錯的，有兩種方式，第一種方式，是把書念好，考上好學校，然後找不到好工作。這種方式不太好，因為你得要犧牲自己的未來。第二種方式，就是找出自己的興趣，針對這部分去自主學習，以後找一個有意思的事業去做。你還是可以證明，即使不喜歡讀書，但是心地善良、樂於助人、有專業技能，也可以成為這個領域中傑出的人。

我不是不贊成你去韓國當藝人，而是你得要想想，當藝人是不是你逃避現實的方式而已？事實上大人們經常做一行怨一行，你可以去問問其他有經驗的藝人前輩，這一行有沒有比念書要來得簡單？我坦白告訴你，可以主持節目的人，他的能力一點也不比拿到博士的人要差。

女孩兒，以後你就會知道，事實上，成績還是很重要。但是，重點在於「自己領域」的成績，而不是學業。你要學著跟媽媽溝通，放棄你不擅長的領域，找到自己想要的領域，然後把所有熱情投注在其中。最後，如果你還是想去韓國當藝人，那就自己存錢去吧！說真的，父母沒有義務完成你的夢想，夢想，得要靠自己完成。

還有，好好活著，不要老是想著去死。真的沒法跟爸媽溝通，長大就可以自己作主，但是死了，你就來不及長大了。

我長得不好看、成績也不好，活在這世上還有價值嗎？

我是高二的學生，而我最愛的鐘鉉自殺了，我不明白，為什麼他看起來這麼成功，也有這麼多人愛他，他還會覺得很累？像我這種考試成績不好、長得也不好看、也不知道以後我能做什麼的人，才沒有活在這個世界上的價值吧？我才是真正的魯蛇，不是嗎？我現在有很多的情緒，但是爸媽都告訴我，不要難過，也沒什麼好難過的，但是我有點走不下去了，你可以給我一些建議嗎？

A

多數人其實都有你看不到的痛苦

親愛的孩子，人生大部分的時候，都像是迴轉壽司，要不是被便宜的吃掉，要不就是被無情的丟掉。而且，多數人其實都有你看不到的痛苦。你在臉書或ＩＧ上，看到很多人在吃喝玩樂，那也就是他們人生的一小部分而已。他們大部分的人生，一樣要面對被討厭、被利用、被欺負的情況，只是你不知道而已。

你覺得鐘鉉在歌迷的簇擁下，一直都過得很快樂嗎？我不知道，畢竟我不認識他。但是我可以告訴你，很多的公眾人物都是不快樂的，因為他們背負了許多來自於別人莫名的期待，如果看不開，就會過得很辛苦。至於這世上的平凡人，更是如此，只是他們沒有明星光環籠罩，所以沒有太多人注意而已。有人為了錢很痛苦、有人為了感情沒辦法自拔、有人為了家人之間的情緒勒索而苦惱、有人為了跟自己的內在打架而無法活下去。這個世界原本就是個道場，磨練居多、快樂居少，所以才會說：「人生不如意事，十常八九。」

所以，當你情緒不好的時候，千萬不要試圖撲滅它，而是學著跟你的悲傷與痛苦相處。你要告訴自己，它就是在那裡，等著你去跟它聊聊天，你可以選擇面對自己無能為力的這部分，而如果不想理它，也可以暫時放著，反正說不定它坐一下就走，下次還會來拜訪你。逃避也會是一種選擇，你可以逃避，但是請你不要放棄，因為放棄了以後，這個世界就會因為少了你，而少了很多有趣的事情繼續發生，而且是你體會不到的。

每天都要給自己一個小目標，把這個小確幸完成，在完成以後，你可以告訴自己，我又做到了，然後恭喜自己又撐過了一天。把這些小確幸慢慢累積下來，你不會是魯蛇，至少會是魯蛇中的霸主，畢竟你可以呼吸、吃飯、走路，這些小確幸，就是在告訴你，沒有不會淡的疤、沒有不會好的傷、沒有不會停下來的絕望。如果真的撐不下去，就要去看醫生，人的肉體會生病，心靈也會，看診以後，慢慢調養，一定會好轉的。

其實，每個人都有機會經歷這三個階段：你在年少的時候，會想要成為別人；你在成長的階段，會想要成為別人眼中的自己；你在成熟以後，卻只想要成為自己。你現在可能還在第一個階段中，只想要成為另一個人，但是你並不知道，每個人其實都有煩惱，換到那個角色裡，你不一定會開心。往後，你會想要別人認同你，也會因為別人的不認同而傷心憤怒。但是最終，你只會想成為單純的自己。請你在過不去的時候，找朋友、家人或是老師，好好聊聊，他們會給你一段陪伴的。

人生很辛苦，但是我不會勸你加油，我只會希望你，好好的跟自己相處。那個內心裡的孩子，一直渴望跟你對話，也希望你可以拍拍它呢！

不想念大學卻沒有勇氣改變現狀，可否給我建議？

我是北市某女校的高三生，幾個月後就要面臨學測，還在這裡滑臉書發廢文，我真是對不起學校和社會大眾。

即將要考學測，班上的大家都很緊繃，每天都有滿滿的複習考、模擬考、講義、考古題，我卻不清楚自己到底為了什麼讀書……不對，是「寫題目」，為了好大學？我其實不太在意這個。為了喜歡的科系？但是我不知道自己到底喜歡什麼。我甚至沒有讀大學的念頭。

爸媽建議我乾脆畢業後先打工一年，說我之後一定會知道該怎麼做，可是我很害怕一年後會把現在好不容易硬塞到腦子裡的ABCD全部忘記。這個社會告訴我，如果沒有大學念，妳的未來會很恐怖。大學不是為了學習更多自己喜歡的東西嗎？為什麼我們好像只是為了應付考試而用功？

我覺得自己好矛盾，想要改變現狀又沒有勇氣。最愛的五月天告訴我要有夢想，但是我好像已經找不到自己心裡的小太空人了。

謝謝律師看到這裡，希望您能給我一些建議。

A 你要思考的，是這輩子想要什麼？

孩子，滑臉書發廢文的事情，我每天都在做。要知道，人生沒有調劑，生活就沒有樂趣，不然你怎麼會知道：「發生熱衰竭可以在七十二小時內恢復，然後上場打網球」呢？到時候學測考時事題，你卻什麼都不知道，怎麼辦？再者，你就算考不好，也沒有對不起社會大眾與學校，通常只有名人通姦被抓到，才會開記者會這麼說，你就不要搶鏡頭了。

你為什麼要念書？其實我也不知道。因為我認為，你要受教育，但是不必然要念書。受教育，是指你要懂得思考、文字、邏輯等等有助於你一輩子的知識，但不是只有念書的方式才能達到。如果你喜歡念書，不妨多看點學校以內給你的教科書，以及學校以外自己想看的課外書。但是，如果不喜歡念書，沒什麼好覺得罪惡感的，你得要先問自己，你念書的目的是什麼？為了學測？這是個答案。因為有些題目會問你「鴉片戰爭發生在西元幾年？」或「這次第，怎一個愁字了得！」中的次第，究竟是什麼意思？所以，你要念書，因為你要通過學測。學測是一種某些人定出來的標準，篩選會念書、理解力強、記憶力好的孩子可以有比較多的權力選擇想念的大學與科系，為了拿到這個選擇權，所以你必須按照學測給的標準念書，然後拿到好分數，如此而已。學測就是一種遊戲規則，念書是通過這種規則的方式，就這麼簡單，沒有任何其他意義。

所以？選擇進了自己想要的大學與科系以後？喔，其實我懷疑這件事，關於某些人「確定」自己想要什麼大學與科系這件事。因為，你確定知道東吳與輔大，哪間學校「比較好」？財政系與財務金融系是不一樣的？這些事情成年人都不一定知道，遑論是你。很多人，不過就是按照分數與自己模糊的、不知哪裡聽來的建議，就進去了這間學校與這個科系。所以你不知道自己想要進哪裡，這是正常的，我比較怕你很確定，進去這個科系以後，反而很失望。

　例如你以為，念完法律系，就會是古美門；念完銀行系，就會是半澤直樹，念完心理系，就是倫太郎；念完醫學系，就會是大門未知子。

　所以，我贊成你先去工作，再去念大學嗎？不，我沒有這麼覺得，除非你知道自己想做什麼。我的意思是，你不能因為討厭某件事，所以不去做它。而是你真的喜歡這件事，所以才去做它。你目前不知道為何要念大學，或許也不知道自己要幹嘛。你還未成年，在你不知道自己要做什麼之前，念大學會是一種安全的方式，你可以在進大學以後，再去探索自己要什麼，然後勇敢的去嘗試。

　你隨時可以退出，因為要達到你「心目中的成功」，有很多不同的方式。對於工作有執念的人，可以放棄一例一休；但是對於生活有期待的人，一例一休對他而言，就是很好的保障。每個人都有權利選擇自己想要的成功模樣，你的小太空人，只是還沒出現，他藏在你的心裡，等待你以不同的方式去尋找到他，然後跟你一起努力。

讀大學沒有這麼了不起，念書也沒什麼值得誇耀的。你唯一要思考的，是你這輩子想要什麼，而這個答案，我到現在也還在追尋，這是永遠都想不透的事情。然而，夢想會慢慢出現，因為你心中的渴望會告訴你，你的模樣會是什麼。你的夢想，就是你的模樣。但是，請你不要討厭念書，這是一種個人的好習慣，你可以暗自許願，在學測以後，你永遠都要只為自己念書，不為任何目的。

小太空人還在等你，不要放棄他，好嗎？

即將大學畢業的我，對未來極為徬徨該如何面對？

我是位即將踏出校門的大四生，一直以來都有在追蹤您的文章，但對於自身的未來規劃還是極為困惑，所以想請教您以下的問題，謝謝。

1. 大環境每況愈下，有些人總說這對年輕人是個極為不友善的時代，我從一開始充滿抱負到現在也抱著消極的態度；心裡想著反正離開校門都得面對二十二K的薪水，我還這麼努力要做什麼，我想請問您要怎麼解決這個狀態？

2. 我對未來極為徬徨，我只知道我想考上空服員，如果沒考上空服員就先去服務業獲取一些經驗，因為這些經驗對空服員面試會有幫助；但家裡總是問我如果沒考上空服員呢？妳以後要幹嘛？還要不要繼續念研究所？對於未來我總是極為困惑，但除了空服員之外就沒有別的想法了，我想請問對於這些壓力我該如何處理及面對？

A　在戴上翅膀之前，先考慮你想要這對翅膀的原因是什麼？

這個世界，不只是台灣，對於年輕人都不夠友善。大環境的部分，需要我們一起更努力去改善，不過個人努力的部分還是要看你自己。你提到先前的態度是「充滿抱負」，但現在我只感覺到你「充滿報復」。你先想想，你原先的抱負是什麼？而又為什麼現在想放棄？

因為離開校門，就是二十二K？好的，這是個不夠的數字，因為這樣的薪水，很難不靠家裡資助，而可以養活一個人，更別說是一個家庭。根據主計總處的說法，在台北市的平均生活支出，至少要二十七K。不過，難道你要因為離開校門就是二十二K，從此之後就決定不學習？反正努力也是這樣，不認真也是這樣。

當然不是這樣吧！首先，不同的工作技能，本來就會有不一樣的報酬。律師，一旦正式受雇，大概就會有五萬多元以上的薪資；但是那需要一張執照，所以必須認真準備考試。其次，不同經歷的人，一個社會經驗豐富的人，同樣處理客訴，應該也會比剛出社會的人，較為得心應手，薪資當然也可能比較高一些。其三，如果你的其他技能多，當然更容易提升薪資。這部分又可以分兩個面向，思考邏輯與能力。例如，哲學系的思維與企管系肯定不同，如果能學會兩個不同學門的邏輯，當然有助於工作，可以換位思考。而能力就不必強調了，不同科系，會給你不同的知識，只要認真學習，以後在工作上都會有更多的貢獻。最後是個性問題，溝通、協調、勇氣等等的正面特質，不只在工作，在人生都會讓你過得比較順遂。

好了，準備好了嗎？證照、社會經驗、技能、特質，這四項讓你擺脫低薪的能力，你覺得自己擁有多少？證照的部分，可以透過考試取得。社會經驗，可以透過打工取得。技能，可以透過雙主修或副主修甚至是旁聽取得。特質，要透過不斷的要求自己取得，參加社團會是一種方式。

四項都沒有的時候，你要老闆怎麼給你高薪？四項都有的時候，老闆給你低薪，你幹嘛不開除他？並不是所有人在剛畢業就可以領取高薪的，慣老闆這麼多，他們又不是吃素的，你要空手奪白刃，難度恐怕是高了點。

就薪水而言，空服員會是一個新鮮人的好職業，但是，這項工作非常辛苦。尤其是第一年，一個月超過三次以上的跨洲飛行，恐怕就會讓你想離職。機艙上的工作環境不會很好，你的皮膚、經期、身體狀況，都會耗費得很快。至少要等到第三年，自己當了學姐以後，才會好一些。不要以為這項工作是可以環遊世界、輕鬆、高薪的工作，身為新鮮人，你可以拿到高薪，其實也是用高風險的工作內容換來的。

所以，沒考上空服員要幹嘛？你在戴上翅膀之前，必須先考慮你想不想戴上這對翅膀。你想要這對翅膀的原因是什麼？如果高薪與環遊世界是空服員的必然，為什麼航空公司仍然每年都在補人？

在踏出校門之前，請先確定自己的技能有沒有點滿。如果點滿了，那就勇敢的去追尋自己的興趣。如果沒有點滿，那就可以考慮一面工作，一面以進修的方式再補充。研究所不是避風港，你的年齡還是持續在增長。當研究所兩年畢業以後，同學已經在業界有兩年資歷，他的工作條件不見得比你要差。你在大四的時候，或許就應該積極的想想，你的性向傾向於走向那一方面的職業，而不是跟著高薪去走。

不然畢業以後的這些壓力，我只能說一切都是業障。但這些業障不是假的，都是真的，也是你自己找來的。

呂律師聊天室

選擇

這是我身為我的母校——基隆市中正國中第一個榮譽校友，當天對學弟妹所說的話，也在此跟你們分享：

我從來沒想過，今天會站在這個地方，成為母校的榮譽校友，我只是個和平島漁村長大的孩子，沒有什麼特別的地方，家境一般、就讀國小一般、沒有補習，就是一個在海邊長大的孩子而已。

不過，我在十二歲那一年，進入了這個學校，開始我悲慘的三年，以及人生很大的轉捩點。

在這個場合裡，說進入這個學校很悲慘，大概是很政治不正確的事情。但對我而言，這確實是人生中很特殊的事件，因為我進入了所謂的「民俗體育班」，也就是以練習民俗體育為名，行菁英升學之實的班級。這個班級所進來的學生，除了我以外，大概是基隆市成績最優秀、家庭背景很好、能力也最強的孩子。他們有些人在小學就已經可以跟外國人進行英文對話、學過各種才藝，而我，就是一個普通與平凡的孩子而已。

所以，因為我媽幫我報名考試，我僥倖的以吊車尾的名次進入這個班級，以後的成績也不好，即使我再怎麼努力，也只是盤旋在十五到二十名上下，偶爾會進入前十名。可是我爸對我的期望不一樣，他希望我可以維持國小的優秀成績，根本不知道這個班級裡面，充斥著各種優等生，我很難跟他們競爭。

我過得很痛苦。於是，我開始作弊。我作弊的方式很特別，有智慧型犯罪的味道。我不做小抄，也不翻書。我總是規規矩矩的考完試，發成績單之後，把第五名的格子跟我是第十五名的格子用刀片割下來互調，拿這張新的成績單影印後回家交差。不過，還是被老師發現。我被狠狠的打了一頓，老師還威脅我要把我調離這個班。

何止要把我調離這個班級？坦白說，當年的同儕壓力，才是真正的可怕。對同學來說，我的品行不好、成績不好、家境不好、體能不好，不欺負這個人都不好意思了。

霸凌，最可怕的不是毆打，而是有意的排擠與忽視。同學看你就像是瘟神，避之唯恐不及。當中印象最深刻的事情，大概就是當大家在寫畢業紀念冊時，一個自己以為最親密的朋友，在別人的卡片上寫著：「呂秋遠其實是我最討厭的人。」無意中看到這張卡片以後，我只能沉默，這是我第一次知道臉上火辣的恥辱感是什麼。

那又如何呢？三年畢業後，考上建國中學，接著進入政治大學、台灣大學，拿到了幾個碩士與博士，當了律師。僥倖成名以後，偶爾作夢還會想起國中時不同的老師對我的羞辱、眾多的同學對我的排擠，有時候我會問我自己，我還會在意嗎？

我當然在意啊！那是我最悲慘的少年時光，沒人愛我，成就感低落。如果往後的日子裡一不小心失足，我可能就會墜入萬丈深淵，永不見天日。我之所以還能在這裡笑著寫文章，是因為現在我是社會中的所謂「優勢者」。但是，如果我不是，我還能夠在這裡談笑風生的論過去嗎？說不定我會找三百個理由，辯解我自己，為什麼我在國中被霸凌以後，就一蹶不振。

我需要在意嗎？不用啊！因為我活下來了。後來我開始感謝過去那一段經驗，如果不是如此，我永遠沒辦法體會，弱勢者在面臨孤立無援時，會有多難過。我會捨不得看到別人掉眼淚，因為我曾經如此倉皇失措的找不到方向，以為自己沒有資格活在這個世界上。我不是生來就是強者，而是慢慢的知道，真正的強悍，是隱藏在溫柔之中的。

我是凡人，非常平凡的孩子。我會犯錯、會白目，我的看法不會總是對的，我也不會想強求別人跟我一樣。但是我知道，透過不斷的修正，人就會更好。我做過的荒唐事，不會比別人少一件，只是運氣好，讓我有機會一直站起來而已。如此一來，我還需要記得什麼？我還能夠自在的呼吸、心跳，還能夠利用自己的天賦幫助別人，不就已經是上天給我的回報，我還去記得那些陳年舊事做什麼？

所以我學著感謝那些曾經對我丟過石頭的人，因為如果不是如此，湖面上不會泛起美麗的漣漪。

我希望各位，永遠要記得，你們可以有選擇，可以選擇成為一個好人，這個好人，不是很有成就的人，而是找到自己的天賦，發揮自己善良的本性，照顧好自己與身邊的人。你現在或許很悲傷、很無力，但是要相信，這世界給我們最好的禮物就是，只要你不放棄自己，就會有好轉的機會。

我一點也不傑出，只是個平凡人而已，如果真要說，我今天可以上台的理由，大概就是這個學校曾經差點不要我，但我卻成為所謂的傑出校友。

最後，我要感謝林永芬老師，沒有她當時對我作文能力的鼓勵，我大概不會有臉書上五十七萬人的追蹤。我一直很尊敬她，謝謝她沒有放棄我。

傑出是可以選擇的，而善良是上天給我們的唯一禮物，讓我們一起堅持下去。

國家圖書館出版品預行編目資料

孩子，我聽你說：為什麼孩子寧願問陌生人問題？呂律師深談那些青少年不願說的真心話一初版 .-- 臺北市：三采文化，2018.5
面：公分 .一(親子共學堂：31)

ISBN 978-986-342-975-3(平裝)

1. 親職教育 2. 親子溝通 3. 親子關係

528.2 107003875

suncolor 三采文化集團

親子共學堂 31

孩子，我聽你說：

為什麼孩子寧願問陌生人問題？呂律師深談那些青少年不願說的真心話

作者｜ 呂秋遠
副總編輯｜郭玫禎
美術主編｜ 藍秀婷 封面設計｜ 池婉珊 內頁設計｜ 池婉珊 內頁排版｜ 周惠敏
行銷經理｜ 張育珊 行銷企劃｜ 王筱涵

發行人｜ 張輝明 總編輯｜ 曾雅青 發行所｜ 三采文化股份有限公司
地址｜ 台北市內湖區瑞光路 513 巷 33 號 8 樓
傳訊｜ TEL:8797-1234 FAX:8797-1688 網址｜ www.suncolor.com.tw
郵政劃撥｜ 帳號：14319060 戶名：三采文化股份有限公司
本版發行｜ 2018 年 5 月 4 日 定價｜ NT$320

Q
UESTION

Q
UESTION

suncolor